KB270879

한미 FTA 후 직업의 미래

한미 FTA 후 직업의 미래

차례
Contents

한미 FTA 이후의 변화

18세기에 영국과 인도는 면직물 산업에서 동등했다. 하지만 두 나라의 시장이 합쳐지면서 영국이 인도를 지배하게 되었다. 1세기가 지난 뒤 인도는 면화 원료를 영국에 수출하고 영국의 면직물을 수입하는 나라가 되었다. 영국과 인도의 시장이 합쳐진 것을 지금의 자유무역협정(FTA)과 직접 비교하는 것은 무리가 있지만, 여러 면에서 비슷하다는 것을 부인할 수 없다. 그렇다면 한국과 미국이 자유무역협정을 맺은 뒤 1세기가 지나면 어떤 상황이 펼쳐질까?

우리보다 17배나 되는 규모의 미국 시장과 합쳐지는 한미 FTA는 상상하는 것보다 훨씬 커다란 변화를 불러올 것이다. 먼저 물가가 전반적으로 오를 것이다. 물론 미국산 쇠고기를 비롯한 값싼 상품들이 많이 들어오겠지만 전체적으로 품질 경쟁이 치열해질 것이고, 이는 비싼 가격의 품질 좋은 상품들 위주의 시장을 형성할 가능성이 크다. 물건이나 서비스 분야에서도 품질이 낮은 싼 상품으로는 시장에서 버티기 힘든 세상이 오는 것이다.

미국 영화의 영향력은 한국 사회를 상당히 변화시킬 것이다. 스크린쿼터를 축소했기 때문에 한국 영화는 상당히 위축될 것이다. 물론 경쟁력을 높인다면 미래가 없지는 않겠지만 말이다. 미국 영화가 국내에서 더 많이 상영되면 이는 한국인들의 일상생활에도 많은 영향을 줄 것이기 때문에 단순히 영화 시장을 잠식하는 것 이상의 변화를 초래할 것이다.

농업과 어업은 더 큰 변화를 겪을 것이다. 우리의 농업과 어업은 값싼 수입 외국 농산물과 수산물에 경쟁 상대가 되지 못한다. 농민과 어민들은 생계를 위해 도시로 일자리를 찾아 나설 것이다. 이로 인한 혼란을 해결하는 데 많은 사회 비용이 들 것이다.

또한 비만아들이 증가할 것이다. 이는 한미 FTA 이후에 나타날 식생활의 변화 때문이다. 식단이 미국식으로 더욱 변할 것이다. 미국산 소고기가 더욱 많이 수입될 것이고, 미국 식품 제조업체가 한국 시장을 더욱 빠르게 장악할 것이다. 이런 변화는 역설적으로 비만 치료를 받으려는 젊은이들을 겨냥한 새로운 직업 수요를 창출할 것이다.

지적 재산권의 강화가 한국 사회의 큰 물결로 나타날 것이다. 많은 사람들이 지적 재산권을 얻기 위해 노력할 것이다. 이제는 복제를 통한 생산이 그 한계에 부딪힐 것이다. 결국 개인이나 기업들은 더 많은 지적 재산권을 얻기 위해 관련 분야에 더 많은 투자를 할 것이다.

빛과 그림자

이리유카바 최의『그림자 정부』는 지구촌의 2백여 개 국가가 결국 하나의 정부로 변한다는 내용을 담고 있다. 빛과 그림자가 정부 하나 안에 함께 존재한다는 것이다. 자유무역협정이 늘면 늘수록『그림자 정부』에서 이야기하듯, 세계 여러 나라들이 하나의 정부로 변해 갈지도 모른다.

멕시코는 미국, 캐나다와 자유무역협정을 맺은 뒤 일시적으로 호황을 맞았다. 미국 기업들이 임금이 싼 멕시코로 공장을 이전했기 때문이다. 하지만 이런 현상도 잠시뿐이었다. 미국 회사들은 임금이 더 싼 중국, 인도 등 아시아의 여러 나라로 공장을 이전했다. 결국 멕시코는 시장을 미국에 내주고도 일자리를 더 만드는 데는 성공하지 못했다. 북미자유무역협정(NAFTA)을 맺은 뒤 멕시코의 일자리는 21% 가량 감소했다. 그렇지만 당시 이 무역협정을 추진한 정치 세력들은 미국과 협정을 맺은 뒤 일자리가 그렇게 많이 감소하지 않았고, 수출은 오히려 3배 증가했다고 주장했다. 수출이 늘어났지만 일자리가 줄어든 것도 사실이었다. 미국 기업은 원래 잉여 인력을 두지 않는 고용 방식을 선호한다. 멕시코 안에 미국 회사들은 늘었지만, 고용은 늘지 않았다. 잉여 인력으로 여기는 일자리들은 다 정리가 된 것이다. 또한 멕시코 농촌에서는 일자리 130만 개가 NAFTA가 체결된 뒤 사라졌다. 미국 농산물이 멕시코로 들어오자 멕시코 농민은 새로운 일자리를 찾을 수밖에 없었다.

자유무역협정의 파도는 이처럼 어두운 그림자를 남긴다. 하지만 그림자만 있는 것은 아니다. NAFTA가 체결 된 다음 멕시코의 일부 수출업자들은 큰돈을 벌었다. 멕시코 수출업자들은 할 일도 많아지고 일자리도 늘어나서 소득이 늘어났다. 이것은 NAFTA가 가져 온 긍정적인 효과다. 그리고 이것이 자유무역협정의 빛이기도 하다.

취약한 산업의 생산력 약화

국가 간 자유무역협정은 원래 인력 수준이 높은 나라에 유리하다. 이러한 나라들의 인재들은 합쳐진 시장에서 상대적으로 수준 높은 노동력을 바탕으로 일자리를 찾기가 더 쉬워진다. 상대적으로 인력의 경쟁력이 약한 국가의 인재들은 오히려 그동안의 일자리마저 위협받는다. 우리의 경우도 이미 3D 업종에는 외국 인력이 대다수를 차지하고 있고, 이어 고급 전문직 시장에서도 외국 인력의 거센 도전을 받을 것이다. 한편, 생산력이 취약한 나라가 생산력이 강한 나라와 자유무역협정을 맺으면 그 분야의 시장을 생산력이 강한 나라에게 내어 주기 십상이다. 경쟁력이 떨어지는 나라의 근로자들은 정부가 그 분야의 자유무역협정을 맺으면 장기적으로 일자리에서 밀려날 가능성이 높다. 이들을 고용할 국내 기업은 줄어들 것이고, 국내로 진출한 외국 기업들은 자국민을 채용하거나 소수 인력으로 운영하는 따위의 방법을 모색하기 때문이다.

미국 기업이 한국에 들어오면 한국 기업이 성장할 것이라는 생각은 착각이다. 한국보다 앞선 미국 기업의 경영을 보고 따라하면 많은 것을 배울 수 있다는 논리는 지나친 낙관론이다. 기술력이 거의 없는 기업들이 미국의 첨단 산업을 보고 따라한다는 것은 불가능하다. 오히려 미국 기업이 해당 분야의 시장을 쉽게 장악하여 우리나라에서 더욱 많은 이익을 낼 것이다. 이는 그저 시장을 고스란히 상납하는 것과 같다.

미국이 자유무역협정을 통해 노리는 것도 이와 많이 다르지 않을 것이다. 미국은 남미, 중미, 북미 대륙을 합쳐 무려 34개 나라들과 자유무역협정을 맺어서 자국 중심으로 미주 대륙을 경제적으로 통합하려는 야심을 갖고 움직이고 있다. 이미 코스타리카, 칠레 등과 자유무역협정을 체결했다. 미국의 이런 행보는 미국 기업과 미국인의 일자리를 확충하는 정책 중 하나다. 하지만 이와 같은 계획이 그렇게 쉽게 이루어지고 있지는 못한 실정이다. 많은 남미 국가들이 미국을 견제하기 위해 한목소리를 내고 있는데, 이들이 단순히 감정 문제 때문에 이와 같은 행동을 하는 것은 아닐 것이다.

구조조정 심화

자유무역협정은 국가 간에 인력 자본, 지식 자본, 화폐 자본이 자유롭게 이동할 수 있게 한다. 이렇게 국가 간에 자본의 이동이 잦아지면서 수익을 지향하는 비즈니스 경향이 더 강하게 나타난다. 특히 이러한 경향이 유난히 강한 미국 기업들이 한국 시장에 진출하면 조직 재편은 빠르게 진행될 것이다. 현재 이익이 많이 남는 직장 조직부터 강력한 구조조정이 시작될 가능성이 높다. 전문직 역시 안전하지 않다. 자유무역협정은 국가 간 전문직에서 경쟁도 이끌 것이다. 농업과 어업 분야에서의 구조조정은 불을 보듯 뻔하다.

이제 미국 기업들과 경쟁하는 기업들이 증가하면 그들은 연구개발에 더 많은 자원을 집중할 것이다. 이런 상황은 기업들에서 간접 조직을 최소화하고 핵심 콘텐츠를 창조하는 인력을 강화하는 형태의 구조조정으로 이어질 것이다.

소득 불균형 심화

한미 FTA는 직업 계층 간 소득 불균형을 초래한다. 예를 들어 의료업이 개방되었다면 미국에서 의사들이 밀려왔을 것이다. 두 나라 사이에 서로 의사 자격증을 인정하게 되면 아주 유명한 의사와 그렇지 않은 의사 사이에 소득 불균형이 매우 심각해질 것이다.

또한 한국인이든 미국인이든 고액 연봉자가 생길 것이다. 문제는 이 고액 연봉자 중에 한국인은 아주 소수가 될 것이라는 점이다. 물론 한국인 중에서 첨단 기술이 있는 사람은 고급 인재 대우를 받고 일할 수도 있다. 그러나 이런 기회는 한국인에게 아주 적을 것이다. 직업 간에도 소득 격차가 더욱 벌어질 것이다.

이러한 현상은 그 자체로 하나의 큰 변혁이다. 한미 FTA는 단순한 경제 협상이 아니다. 상품 교역 협상에 그친 한-칠레 FTA와는 질적으로 아주 다르다. 모든 직업들이 한미 FTA로 많은 영향을 받을 것이다.

자원 배분의 효율성

한미 FTA가 두 나라의 자원 배분의 효율성을 높이지는 못할 것이다. 첨단 산업을 전부 미국에 개방하면 미국 기업들이 시장을 선점하기 때문에 한국 기업들은 나중에라도 이익을 얻기 힘들다. 물론 한국 기업 중에서 첨단 기술을 가진 기업은 한미 FTA 이후에 미국 시장을 선점할 수도 있겠지만 한국 기업 중 미국 시장을 선점할 수 있는 기업은 손가락으로 꼽을 정도다.

한미 FTA 이후에 한국의 첨단 지식 서비스 산업이 계속 발전할 수 있을까? 결코 그렇지 않다. 한국이 미국의 앞선 기술을 흡수하는 전략을 제대로 세우지 않으면 불가능하다. 전략이 부족하면 경영 컨설턴트, 의사, 애널리스트 같은 분야에서 새로운 일자리를 만들기는 아주 어려울 것이다. 따라서 한미 FTA 이후에 이 분야에서 직업이 많이 파생할 것이라는 낙관론은 근거가 약하다. 이는 캐나다와 미국의 NAFTA 이후 나타난 현상에서도 추론해 볼 수 있다.

무역과 투자 촉진

한미 FTA는 일부 품목에서 무역 및 투자를 촉진할 수 있을 것이다. 이렇게 되면 효율이 떨어지는 산업에서 일을 하던 사람들에게 효율이 높은 산업에서 새로운 직업을 가질 기회가 많이 생길까? 안타깝게도 그렇다고 확실하게 말할 수 있는 근거는 없다. 냉정한 경쟁 논리만 있다. 한 나라와 한 나라가 치열하게 경쟁하는 것이 경제블록이다.

한국의 기업 중에서 특히 제약회사들이 긴장하고 있다. 이들은 상당히 불리한 여건에 놓여 있다. 한국계 제약회사 직원들은 한미 FTA 이후의 상황에 대해 걱정을 하고 있다. 여기에는 근거가 있다. 코스타리카는 미국과 자유무역협정을 맺은 뒤 제약회사의 영업직이 줄어들었다. 미국은 강력한 제약 기업이 많기 때문에 전혀 타격을 받지 않았다. 오히려 시장이 넓어진 만큼 매출이 늘어나서 더 많은 이익을 올렸다.

국가 간 무역 및 투자는 자유무역협정 이후 촉진될 수 있다. 하지만 이런 상황이 바로 고용이 늘어나는 것을 뜻하지는 않는다. 우리나라가 미국에 자동차를 수출할 때 평균 2.5%의 관세율이 적용되었는데, 자유무역협정을 체결한 이후에는 관세를 내지 않아도 되므로 당연히 수출은 늘어날 것이다. 하지만 수출이 늘어난다고 해서 자동차 회사들이 고용을 대폭 늘리지는 않는다. 일부 회사에서는 고용을 늘리기도 하지만 대부분은 그렇지 않다.

싱가포르는 2004년에 미국과 자유무역협정을 맺었다. 그 후 싱가포르의 외국인 투자 기반이 다소 좋아진 것은 사실이다. 분명히 한미 FTA 체결 이후에 외국인들이 우리나라에 투자를 많이 할지도 모른다. 하지만 남한과 북한의 긴장도 여부에 따라서 투자는 크게 영향을 받을 것이다. 한반도가 다른 나라와는 상황이 다르다는 것을 생각해야 한다.

비숙련과 숙련 노동 사이

비숙련 노동자들은 한미 FTA 이후 비정규직으로 더욱 내몰릴 것이다. 하지만 숙련 노동자들의 임금 상승폭은 인플레이션을 감안하더라도 크게 오를 가능성이 높다. 숙련 노동자들의 연봉은 더욱 올라가는 추세인 반면에 비숙련 노동자들은 상당히 불리한 환경과 싸워야 할 것이다. 직장 조직들은 숙련 근로자들은 많이 채용하면서 비숙련 근로자들은 아주 작은 규모로 채용할 것이다. 당연히 신규 인력을 채용하기보다는 경력자를 더 많이 채용할 것이다. 이번 한미 FTA로 인하여 조

선, 반도체, 자동차 등의 분야에서는 숙련 노동자들의 대우가
향상될 것이다. 숙련 노동력을 가진 생산직이 비숙련 노동력
을 지닌 관리직보다도 높은 연봉을 받을 것이다.

직업인의 국경 이동

노동력의 국경 이동은 이제 하나의 커다란 쟁점이 될 것이
다. 관료들이 규제를 강화하면 기업가들은 국경을 넘어 임금
과 지대가 싼 나라로 회사를 옮길 궁리를 한다. 일자리의 국경
이동은 온전히 기업가들의 의지로 이루어진다. 이제는 기업가
들이 사업을 하기에 불리한 여건을 감수하는 시대가 아니다.
기업가들은 토지와 노동, 그리고 자본과 기술을 찾아서 국경
을 넘나들고 있다. 이러한 경향은 점점 거세지고 있다.

2006년 9월에 세계은행이 발표한 기록에 따르면, 175개 나
라 중 한국은 기업가들의 구인 환경 부문에서 110위, 창업 환
경 부문에서 116위를 차지했다. 인재를 채용하는 구인 편의
지수가 전체 175개 나라 중에 110위라면 아주 낮은 수준이다.
이와 같은 결과는 다소 충격이다. 창업과 구인 환경이 이런 정
도로 낮다면 한국의 고용 파생력은 형편없다고 볼 수 있다.

노동력의 국가 이동은 쉽게 나타나는 현상은 아니다. 하지
만 외국 회사가 특정 외국 회사에 대해 신규 투자를 늘리면
당연히 노동력의 국가 이동은 나타난다. 그리고 이러한 현상
은 긍정적인 효과를 가져온다. 외국 기업들은 진출하려는 나

라에 대해 여러 요소를 고려한다. 외국 기업이 한국에 대규모 투자를 하면 한국에서 일자리는 증가한다. 그렇지만 이런 상황이 가속화되지 못하면 한국은 일자리 창출이 어려운 나라가 될 가능성이 높다.

그렇다면 이런 상황을 타개하기 위해서 무엇을 해야 할까? 무엇보다 노동력 정보 산업을 더 세분화하고, 국가가 인력 자원을 데이터베이스로 만들어서 외국 기업들이 한국에 진출한 뒤 활용할 방안을 생각해야 한다.

직업 환경에도 불어 닥칠 양극화

한미 FTA 이후 한국 사회는 큰 변화에 직면할 것이다. 곳곳에서 한미 FTA의 손익 계산서를 분주히 작성하고 있지만, 궁극적으로 한미 FTA의 의미는 미국과의 시장 통합이라는 충격 요법을 통한 국내 산업의 경쟁력 강화이다. 경쟁력 있는 상품은 미국 시장으로 진출해 더 많은 매출을 올릴 것이다. 미국 상품과 경쟁에서 뒤처진다면 국내 시장에서도 쫓겨날 것이다.

이러한 변화는 직업 환경에서도 그대로 나타날 것이다. 국제무대에서 통할 수 있는 인재는 국제 수준에 맞는 대우를 받을 수 있을 것이다. 하지만 국제 수준에 미달한다면 국내에서도 일자리를 유지하기가 힘들 것이다. 변호사에서 영업사원, 연예인이나 환경미화원까지 미국의 동종업계 종사자와 경쟁해서 우위를 차지한다면 좋은 대우를 받을 것이고, 경쟁에서 밀린다면 지금의 일자리도 그들에게 내주어야 할 것이다. 이렇게 본다면 국내 직업의 90%가 10년 안에 영향을 받을 것이 분명하다는 주장은 과장이 아니다.

그렇다면 이제 각 분야별로 어떤 변화가 나타날지 좀더 자세히 살펴보기로 하자.

법률

　이번 한미 FTA 타결로 법률 시장을 3단계에 걸쳐 개방하게 되었다. 유럽의 프랑스와 독일이 이런 식으로 법률 시장을 개방했다. 독일과 프랑스에서는 법률 시장을 개방하자마자 영국과 미국계 법률회사들이 진출해 독일과 프랑스의 법률회사를 인수 합병해 버렸다. 결국 자국 변호사들의 직업 영역을 외국 변호사들에게 내주고 말았다. 우리나라 변호사들의 직업 여건 역시 프랑스나 독일처럼 될 확률이 높다. 그러나 일본은 법률 시장을 18년에 걸쳐 외국에 개방했다. 일본은 자국의 변호사들이 크게 타격을 받지 않는 영역을 개방했다. 또한 외국 변호사들이 일본에서 비즈니스를 할 여건을 만들어 주면서 동시에 일본 변호사들이 일할 여건도 보장해 주었다.

법률 관련 타결안 내용

이번 타결안에 따르면, 미국의 변호사나 회계사 자격증을 갖고 있는 사람은 한국에서 국제공법 및 자격 취득국의 법률에 대한 자문 서비스를 제공하는 것을 허용했다. 국내법에 대한 자문을 하기 위해서는 국내 자격증이 있어야 한다. 우선, 국제법과 미국 법률에 관해서 자문하는 서비스만 가능한 것이다. 하지만 단계별 개방을 거치고 나면 이런 구분은 의미가 없어진다. 법률 서비스의 경우 3단계에 걸쳐 개방을 하는데, 협정이 발효되면 외국법 자문과 외국 법률회사가 한국에 사무실을 낼 수 있다. 발효 후 2년이 지나면 국내 법률회사와 제휴할 수 있으며, 5년이 지나면 제휴를 넘어서 합작까지 할 수 있고 고용도 할 수 있다. 결국 5년이 지나면 외국 법률회사도 국내 법률회사와 거의 같은 조건으로 서비스를 할 수 있다.

법률 시장의 변화

한미 FTA가 우리에게 전부 불리한 조항만 있는 협정은 아니다. 우리에게 이익이 되는 직업 분야도 분명히 존재한다. 하지만 법률 분야는 한미 FTA 이후에 상당히 어려운 상황이 될 것이다. 선망의 대상인 변호사라는 직업도 큰 영향을 받을 가능성이 높다. 이런 흐름을 자세히 들여다봐야 한다.

한미 FTA가 체결되면 우선 법률 시장에서 고용 환경이 달라질 것이다. 대형 법률회사 간에 합병이 더욱 빠르게 진행되면서 채용은 다소 주춤하겠지만, 국제 변호사, 변호사 보조업무, 상표 업무, 화학 업무, 전자 업무에서 인력 채용은 늘어날 것이다. 아마도 공대생들이 법률회사에 더 많이 진출할 것이다. 이제 법률회사는 종합 컨설팅 회사가 될 것이다. 또한 전문 비서직에서도 채용이 다소 늘어날 것이다. 전문 비서들은 할 일이 더욱 다양해지는데, 특히 외국 특허 출원자들과 통화해야 할 일이 많아진다.

국제 법률 시장이 열리고, 지식 재산권의 중요성이 높아져 해당 분야의 전문가에 대한 고용이 늘어날 것이다. 또한 휴대 전화로 법률 정보를 제공받고, 인터넷 게시판을 통해 법률 상담을 받거나, 인터넷에서 법률 서식을 제공받는 등 법률 시장에 새로운 흐름이 나타날 것이다. 인터넷 법률 서비스 회사가 등장하면서 법률 분야의 고용 전망도 밝다. 하지만 이는 기본적으로 미국 법률회사에서 일을 해본 미국 변호사들에게 해당된다.

중국과 인도에 진출하려는 미국의 대형 법률회사들로 인해 고용이 촉진될 수도 있다. 하지만 미국 대형 법률회사들을 상대하느라 정신없을 국내 법률회사들은 한미 FTA 이후에도 중국 진출을 하지 못할 가능성이 높다. 인도에 진출할 수 있는 가능성이 조금 더 많지만 쉽지는 않을 것이다.

미국의 법률회사들이 국제 기준은 아니지만 전 세계에서 가장 앞서 있는 것은 사실이다. 미국 법률회사가 갖고 있는 비법은 일본에 진출해서도 위력을 발휘하고 있다. 그들은 일본의 토종 법률회사를 빠른 속도로 인수 합병하고 있다. 인수 합병 과정을 거치고 나면 자연스럽게 미국화된다고 볼 수 있다.

법률이나 사건을 중개하는 시장이 얼어붙게 되면, 경쟁력이 떨어지는 변호사들은 사무실을 운영하기가 어려운 상황이 될 것이다. 물론 변호사 보조직이 빠르게 성장하고, 인터넷에서 법률 상담을 하는 전문가가 인기를 얻을 것이다. 또 국내외 법률회사가 전략적으로 제휴하는 것을 모색하고, 국제 변호사 시장이 팽창하면서 법률 시장이 활성화될 것이다. 하지만 이런 팽창세는 일시적인 현상일 뿐이며, 기본적으로 한국의 토종 법률회사는 미국 법률회사에 흡수되어 재편될 가능성이 높다.

앞으로 외국계 대형 법률회사들이 한국의 법률 시장을 장악해 토종 법률회사는 설 자리가 점점 사라질 것이다. 막강한 인재를 거느린 미국의 대형 법률회사들은 한국에서 인수 합병을 통해 더욱 몸집을 부풀릴 것이 틀림없다.

변호사

한미 FTA 이후 한국의 법률 시장은 미국 변호사들이 장악할 것이다. 이런 물결은 하나의 흐름으로 분명하게 자리 잡을 것이다. 미국 변호사들은 다국적 기업들이 한국에서 사업을 하는 데 자문을 해주는 일을 공개적으로 할 것이다. 그들은 버젓이 자기 이름을 내건 법률 사무소를 낼 것이다. 한국의 국회의원 중에서 변호사 자격을 가진 이들이 미국 변호사들을 견제하기 위해 움직일 수도 있겠지만, 이런 움직임은 미국 통상가들의 교묘한 방해로 봉쇄될 공산이 크다. 이렇듯 미국 변호사들과 한국 변호사들의 경쟁은 공정 거래 시장과 기업의 인수 합병 시장에서 더욱 치열해질 것이다.

한미 FTA에 대비해 한국의 변호사들은 이제 자기만의 특유한 시장을 개척해야 한다. 예를 들어, 경매를 전문으로 담당하거나 기업의 공정 경쟁 문제를 다루는 분야를 개척하는 것처럼 말이다. 앞선 구조를 갖춘 법률회사에서 변호사들은 능력만큼 보수를 받는다. 국내 법률회사도 점차 국제적인 성격을 갖게 될 것이다.

한미 FTA 이후 한국의 변호사들은 미국 변호사들에게 시장의 상당 부분을 내줄 것이다. 다국적 기업이 증가하면서 국제법과 외국법에 대한 수요가 늘고 있는 것만 보아도 쉽게 예상할 수 있다.

많은 사람들이 출세하는 지름길로 여기고 있는 사법고시도 인기가 시들해질 것이다. 자유무역협정 이후 직업의 미래가 달라지는 것이다. 사람들은 더 이상 오랜 시간이 걸리는 사법고시를 보려고 하지 않을 것이다. 대신 로스쿨을 통해 법조인이 되려고 할 것이다. 2009년 3월부터 로스쿨이 신입생을 받는데, 로스쿨 입학 전문학원들이 인기를 끌 것이다. 미국 변호사 자격증이 있는 강사들이 고액을 받고 강의를 할 것이다.

또한 한미 FTA 이후 천만 원 이상의 보수를 받는 변호사도 많이 생길 것이다. 변호사들 중에도 연예계 스타 못지않은 특급 대우를 받는 변호사가 탄생할 것이다. 하지만 이런 경우는 아주 예외적이다. 오히려 치열한 경쟁을 예고하는 것일지도 모른다. 변호사 업무는 이제 시간이 곧 돈이 되는 것이다.

한편 공정거래를 전문으로 다루는 변호사들이 급증할 것이다. 또 구조조정 전문 변호사들도 전망이 밝다. 기업 지배구조 전문 변호사들은 미국에서만이 아니라 한국에서도 훨씬 활동할 범위가 넓어질 것이다. 한미 FTA 이후 많은 미국 자본이 한국의 수익성 높은 기업을 인수할 것이기 때문이다. 물론 법률회사에서 국제 거래 업무 팀을 이끄는 변호사들의 역할도 커질 것이다.

이렇듯 한미 FTA의 흐름을 잘 이용하는 변호사들은 높은 수익을 올릴 것이다. 그러나 이 과정에서 낙오하는 변호사들이 훨씬 더 많을 것이다. 한국 사회에서 선망하는 대상인 변호사 업종에서도 양극화는 거세게 나타날 것이다.

법률회사

영미법과 대륙법이 만나면 어느 것이 시장에서 더욱 활발하게 비즈니스 영역을 지배할까? 이 질문에 대한 답은 1998년에 법률 시장을 개방한 독일의 경우에서 알 수 있다. 독일에는 대형 토종 법률회사가 10개 정도 있었다. 세계 어느 법률회사와 경쟁해도 손색이 없을 것이라고 확신한 독일은 자신 있게 법률 시장을 개방했다. 하지만 독일의 토종 법률회사들은 영미법 국가인 미국의 대형 법률회사에 인수 합병되었다. 지금은 순수 토종 법률회사가 2개뿐이다. 미국의 법률회사는 독일인 변호사들을 고용하는 의사 결정권을 쥐고 있다.

한미 FTA 이후 법률 비즈니스 환경이 이전과는 달라질 것이다. 대륙법 국가인 일본이 미국에 법률 시장을 개방하자 미국의 대형 법률회사들이 일본의 토종 대형 법률회사 10개 중에서 5개를 합병했다. 그리고도 더욱 공격적으로 법률 사업을 펼치고 있다. 미국 법률회사들은 변호사와 법률 카운슬러를 두고 서비스 중점으로 사업을 한다. 미국 법률회사들은 영미법의 장점을 갖고서 완고하기로 이름난 일본 법률 시장의 핵심을 장악한 것이다.

대략 2천~4천 명 정도의 변호사를 보유한 미국 법률회사들이 이제 한국 시장을 향해 몰려올 준비를 하고 있다.

먼저 제프 앤더슨 앤드 어소시에이트(Jeff Anderson & Associates, P.A.)가 있다. 이 법률회사는 특히 인권 문제를 전문으로 다루는 것으로 널리 알려져 있다. 이 회사에는 뛰어난 능력을 인정받은 변호사와 법률 전문가들이 포진해 있다. 한미 FTA 이후 이 회사에서 일하는 한국 변호사들도 등장할 것이다. 또한 우리가 눈여겨 볼만한 회사로 스콧 스콧(Scott Scott)도 있다. 한미 FTA 이후 이런 법률회사에서 할 일이 더욱 늘어날 것이다. 미국의 법률회사는 대형 법률회사, 중소 규모 법률회사, 소형 개인 변호사 사무실로 구분할 수 있다. 이 중에서 대형 법률회사와 중소 규모의 법률회사들은 한국에 적극 진출할 가능성이 높다. 이들 법률회사가 한국에 진출하면 한국인 변호사들을 많이 채용할 것이라는 기대를 할 수도 있지만 현실에서는 자국인 변호사를 많이 데려올 확률이 높다. 영어에 능통하면 한국 사람이라도 채용을 할 것이라고 예상할 수 있지만, 이들은 어느 로스쿨 출신인가를 우선으로 평가해서 채용할 것이기 때문에 국내파 변호사들의 채용 전망이 밝지만은 않다.

의료·바이오

병원과 의사

이번 한미 FTA에서 크게 부각되지 않은 부분이 의료 부분이다. 의약품과 관련해서 뜨거운 논쟁이 있었지만, 의료 서비스에 대해 당장 개방을 선포한 것은 아니기 때문이다. 하지만 미국 병원 시스템이 한국에 진출하는 것은 추가로 이루어질 것이다. 미국제 의료용 기구의 사용 증가에 대한 규정은 이번에 포함되었고, 약값의 상승 또한 불 보듯 뻔한 일이다. 이것은 결국 한국 의사들의 직업 여건을 어렵게 만들 것이다.

의사들은 이제 사명감만 갖고 개업을 하기 힘들 것이다. 이미 2006년도에 많은 병원이 폐업 신고를 했다. 이런 상황은 한미 FTA 이후에 더욱 심해질 것이다. 이제 세상이 바뀌어 모든 사람이 선망하는 의사라는 직업도 가치가 떨어질 것이다. 이제 한국에서 의사라는 직업은 유망한 직업이 아니다. 이런 상황은 소아과와 산부인과에서 더욱 두드러지게 나타날 것이다.

당장은 아니겠지만 곧 미국의 우수한 병원들이 한국에 진출할 것이다. 한국 사람들은 돈을 더 주고서라도 수준 높은 의료 기술과 서비스를 해주는 미국의 대형 병원과 전문 병원으로 몰려들 것이다. 그렇게 되면 몇몇 대형 병원들을 제외한 국내 병원들은 미국 병원과 경쟁이 안 될 것이다. 의사들은 살아남기 위해 이제 마케팅을 특화해야만 할 것이다. 이전에 결코 볼 수 없었던 상황이 전개되는 것이다. 병원이나 의원들도 이제 광고를 해야 하는 시대가 되는 것이다.

병원의 양극화는 빠르게 진행될 것이다. 이런 흐름을 통해서 병원은 재편된다. 많은 병원들이 재정난에 허덕이다 큰 병원에 인수 합병될 것이다. 하지만 병원과 의원을 인수 합병하는 것이 생각만큼 쉽게 이루어지지는 못할 것이다. 이런 상황은 빚에 허덕이는 의료인들을 양산할 위험이 높아지는 것을 의미하기도 한다. 또한 자유무역협정 이후 미국의 우수한 병원들이 한국 시장에 자유롭게 진출하면서 이러한 현상은 더욱 가속화될 것이다.

미국인 의사들이 한국의 의료 시장으로 몰려올 것이다. 한미 FTA 이후에 이런 상황은 더욱 빨라질 것이다. 아마도 송도국

제도시에 외국 병원들이 들어오면서부터 국내 병원들과 경쟁을 시작할 것이다. 이런 과정을 거쳐서 국내 의사들은 이제 외국 의사들과 치열한 경쟁을 해야 한다. 현재 한국에는 6만 4천여 명의 의사들이 있다. 또한 해마다 의과대학에서는 3천여 명의 졸업생이 쏟아져 나오고 있다. 인구는 자꾸 줄어드는데 의사들은 점점 더 늘고 있다. 이런 상황은 의사들의 미래를 어둡게 만들고 있다.

게다가 선진 의료 기술을 갖춘 미국 의사들이 이제 한국의 의료 시장에 자유롭게 진출할 것이다. 이런 상황 앞에서는 한국 정부도 의사들의 편을 들어주지 못한다. 한국의 의사들은 무한 경쟁을 해야 하는 냉혹한 현실과 마주해야 한다.

한국의 의과대학 교수들은 학과 내용을 개혁해야 할 부담을 지게 될 것이다. 그리고 의과대학의 교수라는 직업도 더 이상 안정적이지 않다. 아마도 의사 자격시험 체계가 임상 능력을 구체적으로 시험하는 것으로 바뀔 것이다.

사람들의 의식도 많이 바뀌어서 더 기술이 좋은 의사에게 최첨단 의료 서비스를 받으려고 할 것이다. 물론 한국 의사들 중에는 미국 의사들보다 더 우수한 의료 기술을 가진 사람도 많다. 하지만 객관적으로 볼 때 선진 시스템으로 무장한 미국 병원들의 의사들이 상당한 경쟁력을 갖고 있는 것이 사실이다.

양의학에 비해 한의학은 큰 걱정을 하지 않아도 될 듯하다. 하지만 결코 안심할 수 있는 상황은 아니다. 1970년대 초 키

신저의 외교정책과 닉슨 대통령의 중국 수교를 통해 미국에 한의학이 전파된 이래 미국 대학 60여 곳에서 한의사를 배출하고 있다. 미국 대학의 한의학과를 졸업한 한의사들이 한국 의료 시장에 본격적으로 진출하면 치열하게 경쟁하게 될 것이다.

일찍이 미국은 의료 서비스를 상업화했다. 반면에 한국은 의료업이 생긴 이래 의료 비상업화의 골격을 유지해 오고 있다. 이런 점에서 한국의 기존 병원들은 곧 상당한 재정 부담을 안게 될 것이다. 병원도 이제 의료진의 질과 의료 서비스에 따라 경쟁력에서 눈에 띄게 차이가 날 것이다. 실력이 좋은 의사는 살아남고 그렇지 못한 의사는 의료 시장에서 사라질 것이다. 이러한 상황은 양국 의사 모두에게 해당된다. 그야말로 무한 경쟁에 들어가는 것이다.

제약회사

한미 FTA 이후 가장 큰 타격을 받는 분야가 바로 제약회사다. 카피약에 대한 규제가 더 강해졌는데 우리나라의 제약업체들이 주로 카피약을 주요 매출원으로 삼아왔기 때문이다. 미국 제약회사들이 한국 제약회사를 장악하는 것은 시간 문제일 것이다. 세계적 제약회사인 화이자의 1년 매출이 약 43조 원이다. 화이자는 이미 2005년에 이 수치를 달성했다. 한국의 모든 제약회사들이 일 년 동안 올린 매출은 11조 4천억 원이다. 유럽의 제약회사 사노피 아벤티스는 새로 개발한 신약 한 품목으로 일 년에 1조 원의 매출을 올렸을 정도다.

한국의 제약회사들은 주로 복제한 약을 판매하고 있다. 신약을 개발하는 경우는 거의 없다. 이러한 상황에서 한미 FTA 체결로 시장을 열면 국내 대부분의 제약회사들은 경영에 큰 어려움을 겪을 것이다. 제약회사 영업직에서의 채용은 답보 상태일 것이다. 제약회사들은 사노피 아벤티스같이 종전의 지역 단위 영업 조직에서 암, 신경계, 혈압 부문으로 전문화되는 영업직에 많은 인력을 채용할 것이다. 하지만 영업 여건은 어려워질 수도 있다. 미국 제약회사들이 복제약을 인정하지 않으면 한국의 제약회사들은 영업직 고용을 큰 폭으로 줄일 것이다. 또한 제약 제품이 아니라 주로 강장제를 판매하는 쪽으로 사업을 해나가야 할 것이다.

제약회사의 일자리 중에서 앞으로 유망한 직업은 아마도 간호사 출신의 임상 전문 간호사가 될 것이다. 임상 전문 간호사는 다국적 제약회사들이 만든 신약을 임상 실험할 때 간호 업무와 조사를 담당한다. 이런 직업은 한미 FTA 이전에는 잘 알려지지 않았다. 하지만 다국적 제약회사들이 한국에 진출하면, 특히 미국 제약회사들이 한국 시장에서 득세할 자유무역협정 체결 이후에는 임상 간호사라는 전문 인력을 더욱 많이 채용할 것이다.

한편 대체의학 전문가들 역시 제약 시장에서 더욱 활발하게 일할 수 있을 것이다.

바이오산업

　기초 연구는 활발하게 이루어지고 있지만 아직은 뚜렷한 성과를 내지 못하고 있다. 게다가 줄기세포 파문 이후에 고용이 주춤한 상태다. 하지만 다국적 회사에서는 고용이 활발하게 이루어지고 있다.

　전 세계 바이오산업의 시장 규모는 2010년에 이르면 172조 원 수준이 될 것으로 예상하고 있다. 이 중에서 생물 의약 부문이 60%를 차지할 전망이다. 한국에서의 의약 분업은 다국적 제약회사들이 약진할 기회가 되었다. 지금까지의 일반 의약품(OTC)과 치료제 분리 체제를 통합 체제로 만들었기 때문에 영세한 약품 도매상의 영업직은 쇠락할 것이다. 그리고 다국적 제약 유통회사에서 마케터들이 등장할 것이다. 한미 FTA 이후 상황은 더욱 그렇게 전개될 것이다.

　한미 FTA 이후 이제는 기업들이 신약 개발 전문가, 식품연구원, 질병 연구직, 바이오 저널리스트, 생화학 교수, 생명공학 기업 경영 전문요원, 바이오 벤처기업 창업가들을 훨씬 더 필요로 할 것이다. 미국의 DRI(Decision Resources Inc.) 자료에 따르면, 바이오테크놀로지산업의 성장이 해마다 평균 22.1%의 속도로 증가할 것이라고 예측하고 있다. 하지만 한국 의료 시장의 불황으로 성장세가 그렇게 높지는 않을 것이다.

금융

시장 개방을 지속적으로 해온 한국 금융권이기에 아마 이번 한미 FTA로 인한 영향이 크지는 않을 것이다. 한국에 1960년대에 진출한 시티금융 그룹의 최고 경영자가 언급한 것과 같이 "외국 금융회사들은 한국의 경제 전망을 상당히 밝게 본다."

외국 금융회사들은 한미 FTA를 한국에서의 금융 거래와 투자를 더욱 촉진하는 전기로 보고 있다. 이런 기조는 당분간 한국에서 유지될 것이기에 금융회사에 입사하기 위한 경쟁이 상당히 치열할 것이다. 금융기관 간 경쟁이 치열해지면서 미국 월가에서 보듯 한국의 외국 금융회사들도 새벽까지 일하는 환경으로 바뀔 가능성이 높다.

한미 FTA 이후에 미국 금융회사들이 한국에 어떤 영향을 끼칠지 알아보자. 우선 다국적 금융회사가 한국 시장을 장악할 가능성이 크다. 미국의 금융기관들은 한국 사람들이 상상할 수도 없는 다양한 금융 상품을 많이 개발했다. 이제 미국의 금융기관들은 이런 앞선 금융 상품을 한국 시장에서 판매하려고 할 것이다. 미국 금융업은 어느 나라보다 강하다. 한국의 금융업계는 미국 금융업의 위력을 체감하게 될 것이다.

포괄주의와 열거주의

미국은 '포괄주의'를 채택하고 있다. 포괄주의란 모든 금융 상품의 거래가 가능하다는 뜻이다. 미국에는 금융 상품을 전문으로 개발하는 전문가들이 즐비하다. 한국과는 아주 다르다. 한국은 금융감독기관에서 허가한 금융 상품만 거래할 수 있는데, 이를 '열거주의'라고 한다. 그래서 미국에 비해서 금융 상품의 문제로 인한 분쟁은 적다. 하지만 미국이 포괄주의를 한국에 강요하고 한국이 금융 선진화 차원에서 이를 받아들이면 상황은 달라진다.

미국 금융기관에는 준법 감시인(compliance officer of finance)이 있다. 아직 한국에서는 이런 일을 하는 사람을 찾기 힘들다. 하지만 한미 FTA 이후에는 달라질 것이다. 왜냐하면 한국의 금융 시장에서도 금융 준법 감시인의 역할이 커지기 때문이다.

한편, 국경을 넘어서 금융 거래를 하다 보면 문제가 생길 것이다. 이런 문제가 생기면 금융 법학자들이 나서서 해결한다. 이들은 국제적으로 금융 소비자들을 보호하는 법안을 만들고 연구한다.

또한 국제 변호사들이 금융 분야에서 집단 소송을 맡는 경우도 생긴다. 자유무역협정은 금융에 관련된 집단 소송을 활발하게 할 것이다. 열거주의를 채택하고 있는 한국과 포괄주의를 채택하고 있는 미국 사이에서 이들 금융 거래 전문 변호사들이 더욱 활발하게 일할 것이다.

은행

한미 FTA 이후 직장 조직은 크게 변할 것이다. 왜냐하면 효율성을 추구하려는 경향이 강하게 나타날 것이기 때문이다. 한국의 금융업 환경은 많이 달라질 것이다. 이것은 미국의 경제 중심인 월가의 영향을 받는다는 것을 의미한다.

한국의 금융기관에는 과장 이상의 간부들이 너무 많다. 많은 연봉을 받는 간부들이 줄어들지 않으면 경영 이익을 얻기가 힘들다. 2006년 8월에 조사한 자료에 따르면, 하나은행, 국민은행, 외환은행, 우리은행, 신한은행에는 과장급 이상 간부가 전부 3만 4천여 명이나 된다. 국내 은행들은 간부가 많은 기형적인 조직으로 구성되어 있다.

또한 국내 은행들은 이제껏 높은 이자 수익률에 의존해서 수익을 창출했다. 그러나 한미 FTA 이후에는 은행들마다 약

간씩 다르기는 하지만, 순이자 마진이 2%대를 유지하기 힘들지도 모른다. 이런 상황이 되면 은행의 이익률은 지금보다 크게 떨어질 것이다. 한미 FTA 이후에 국내 은행들이 수익을 내기 위해서는 구조를 재편하는 과감한 시도를 해야 할 것으로 보인다.

한편, 온라인 금융 전문가들은 지금 논의 중인 자본시장통합법에 따라 간접적으로 영향을 받을 것이다. 국내 은행들은 인력을 많이 채용하지 않을 것이다. 인터넷 뱅킹을 운용하기 위해 적은 인력을 채용할 것으로 예상된다. 반면에 외국계 은행은 금융 파생 상품, 중개업무 시장, 투자, 외환 상품 운용, 카드, 소비자 금융 부문에 필요한 인력을 채용할 것이다. 인터넷의 영향으로 금융회사가 정보회사로 변화하는 상황이 가속화될 것이다. 은행들은 이제 온라인 빌 페이먼트Online Bill Payment 시스템을 도입해서 본질적으로 소수 인력으로 조직화할 것으로 보인다.

또한 모바일 뱅킹이 더욱 널리 퍼질 것이다. 웹브라우저가 탑재된 휴대전화를 사용하여 인터넷으로 은행 업무를 보는 모바일 뱅킹이 일반화되면 은행텔러의 위상이 변화할 것이다. 사람들은 자본의 적정성, 수익성, 건전성, 생산성을 고려해서 은행 거래를 할 것이기 때문에 창구에 필요한 인원이 줄 것이다. 오히려 한국에 진출한 미국계나 프랑스계 은행들에서 텔러를 채용할 것이다.

증권사

증권사들도 투자 은행으로 전환하는 등 인수 합병의 조짐이 나타날 것이다. 자본시장통합법을 제정하려는 움직임으로 인해 고용을 미루는 상황이 될 것이다. 대형 투자 은행 시스템을 갖춘 증권사가 등장하려면 시간이 조금 더 걸릴 것이다. 시장 규모에 비해 증권사가 많은 한국의 증권 시장은 중소 규모의 증권회사를 인수 합병하는 경향이 나타나면서 인력을 조금만 채용할 것이다. 또한 헤지펀드들의 투자 행태에 따라 외국자본의 영향력이 커질 것이기 때문에 한국의 증권회사들이 외국 증권사와 합작하는 데 관심을 많이 기울일 것으로 예상된다.

증권사에서는 증권 애널리스트나 펀드매니저를 많이 채용할 것이다. 이때 MBA 출신이나 AP 자격증을 가진 인력을 찾을 것이다. 그러나 이전만큼 MBA라는 경력은 인기가 많지 않을 것이다.

금융 직업 조직

금융 직업 조직은 대형화할 수밖에 없다. 이제 금융업계는 치열하게 수익률 경쟁을 하게 된다. 금융기관이 경쟁력을 강화하지 않으면 미국의 금융기관들을 상대로 해서 싸움을 하기가 쉽지 않을 것이다. 한국의 금융기관들은 금융감독기관들의 포괄주의적인 행태를 만날 가능성이 높다. 이는 강한 미국의 금융 조직들과 경쟁하기 위해서 금융 당국이 유연성을 발휘하면서 나타날 현상 중의 하나일 것이다. 새로운 금융 서비스 개방은 한국이 미국식 금융 상품 방식으로 이행하는 계기로 작용할 것이 분명하다.

국가 간 금융 서비스 거래 자유화를 촉발할 한미 FTA는 미국 금융기관이 한국에 지점을 내지 않아도 미국의 금융 상품을 거래할 수 있는 계기를 만들 것이다. 그렇게 되면 옵션 딜러나 파생 금융 상품 전문가들을 많이 채용할 것이다. 이런 상황은 바로 금융 조직이 대형화하는 계기가 될 것이다. 이런 높은 난이도의 금융 거래를 하는 사람들을 양성하기 위해 금융 조직 안에 HRE(human resource educator)를 더욱 많이 채용할 것이다.

언론·광고

시장 개방의 시대에 한국 언론은 위기와 기회가 교차하는 형국이다. 이제 한국의 시청자들은 외국인들이 만든 프로그램을 더 많이 보게 될 것이다. 외국 자본이 국내 방송 부문에 진출하면 한국의 민영 방송 시장에 큰 영향을 끼칠 것이다. 우선 한국의 케이블 방송국부터 그 영향을 받을 가능성이 높다. 방송 시장은 물론 다양한 잡지 시장에도 외국의 회사들은 한국 진출을 더욱 야심차게 도모할 것이다. 한미 FTA 이후 한국의 케이블 방송국에서 프로듀서들을 신규로 채용하는 것은 상당 부분 위축될 것이다.

방송사

멀티미디어의 대중화, DMB 소비의 증가, 무가지 등장, 언론과 통신매체의 기술 융합 등은 오히려 언론 고용 시장에서 신입사원의 채용을 어렵게 하는 요인이 되고 있다. 방송사는 프로듀서 분야를 라디오 PD, 편성 PD, 텔레비전 예능 PD 등으로 세분해서 채용할 것이다. 또한 경력자 위주로 채용을 하는 방송사들이 더욱 늘어날 것이다. 아마도 방송 프로듀서가 되기 위한 경쟁은 갈수록 더 치열해질 것이다.

한미 FTA 이후 방송사들의 경영은 일시적으로 좋아질 것이다. 하지만 장기적으로 보면 한국의 방송사들은 경영하기 어려워질 것이다. 왜냐하면 미국 기업이 자본에 많이 참여하게 되면 국내 기업들은 국내 방송사보다 미국 방송사에 훨씬 많은 광고를 할 것이기 때문이다.

케이블 방송에 제한적으로 허용된 것이고, 간접투자 방식만 허용된 것이기는 하지만 어쨌든 미국의 자본이 한국의 방송국을 운영할 수 있게 된 것이 이번 한미 FTA 방송 분야의 주요 합의 내용이다. 미국 대자본은 국내 방송사를 사서 수익을 남길 가능성이 보이면 곧바로 움직일 것이다. 반면에 한미 FTA 이후 방송국의 수익 구조가 크게 개선될 전망이 보이지 않으면 국내 방송사 인수를 천천히 고려할 것이다. 미국의 거대 자본은 한국의 민영방송도 인수하려고 할 것이다. 만약 그렇게 되면 국내 대학을 졸업한 사람들은 미국 자본이 운영하는 방송사에 입사하기 위해 더욱 치열한 경쟁을 해야 한다.

한편, 이런 상황이 되면 프로듀서가 되고자 하는 사람들은 지금 같은 방식으로는 채용되기 힘들다. 국내 방송사에서는 신입사원을 뽑은 뒤 원하는 분야에서 처음부터 경력을 쌓게 한다. 하지만 미국 방송사는 이런 방식으로 프로듀서를 채용하지 않는다. 그들은 방송 제작 경험이 없는 인재들을 학업 성적과 면접만으로 채용하는 한국 방송국의 채용 시스템을 그대로 답습하지는 않을 것이다. 미국 방송사가 사원을 채용할 때 가장 중요하게 보는 것이 바로 경력이다. 따라서 우선 케이블 방송국 같은 곳에서 경력을 쌓는 것이 중요하다. 따라서 미국 대학에서 다양한 인턴 제도를 통해 방송 프로듀서 경험을 많이 쌓는 것이 도움이 될 것이다. 그러면 한미 FTA 이후에 방송 프로듀서를 지망하는 학생들은 고교를 졸업하고 방송 제작을 가르치는 미국 대학으로 유학을 가기도 할 것이다. 미국 대학에서 공부한 뒤 한국에 돌아오면 방송국에 들어가기가 훨씬 쉽기 때문이다.

하지만 미국 대학에서 방송 제작 실무를 많이 경험한 인재들과 경쟁을 해야 하는 국내 대학 졸업생들은 프로그램을 제작한 경험이 부족하기 때문에 경쟁에서 뒤떨어질 것이다. 이러한 경우가 한미 FTA 이후 비일비재하게 나타날지도 모른다.

케이블 방송국에서는 신규 인력을 거의 채용하지 않을 것이다. 공중파 방송국에서는 기자, 프로듀서, 방송 기술직 등에서 소수만 채용할 것이다.

인터넷 방송국은 인터넷 자키, 방송 데이터베이스 전문가를 채용할 것이고, 인터넷 신문사에서는 기자를 조금 채용할 것이다.

신문사

신문사에서는 빈자리가 생기는 직종에서만 인력을 채용할 것이다. 한미 FTA가 신문사의 경영 상황을 개선해주지는 못할 것이다. 한미 FTA 이후 큰 변화는 미국처럼 한국 신문사들도 경력이 많은 기자들을 중점으로 채용할 가능성이 높아진다는 것이다.

15세기에 구텐베르크가 인쇄술을 발명했다. 16~17세기에 이르러 비로소 인쇄술이 활발하게 발전했다. 18세기에 신문과 잡지가 나오면서 인류 사회에 언론인이라는 직업이 등장했다. 지난 2백여 년 동안 언론인들은 전성시대를 누렸다.

이번 체결 내용에 따른 것은 아니지만 앞으로 미국의 '뉴욕 타임즈'나 '워싱턴포스트'가 한국에 지사를 설치하고 한국어 판을 발행할지도 모른다. 미국의 거대 신문사들은 이미 한국에 진출해서 사업을 하고 있는 1만 2천여 개의 회사로 하여금 광고를 더 많이 수주하게 해서 국내 신문사들의 광고 시장을 장악할 수도 있을 것이다. 국내 신문들은 이미 정치 권력보다는 자본 권력에 휘둘리는 상황에 직면하고 있는데, 그 정도가 더 심해질 것이다.

미국의 출판·신문업은 한국의 출판·신문업보다 강하고 선진화된 시스템을 갖추고 있다. 미국의 앞선 출판사와 신문사들이 아시아 시장을 겨냥하고 맨 먼저 한국에 진출하려고 할 것이다. 한미 FTA 이후 출판·신문 시장은 획기적으로 변할 것이 예상된다. 신문사들 중에는 광고를 따내지 못해 경영이 어려워지는 신문사들도 생길 것이다. 물론 신문사가 광고 수입에만 의존하는 것은 아니다. 하지만 한미 FTA 이후 모든 산업에서 공정 경쟁을 해야 하기 때문에 앞으로 정책적인 지원을 받기도 어려워진다. 그렇게 되면 각 신문사의 경영 역량이 그대로 드러날 것이다. 이러한 상황에서 적자 구조인 신문사는 경영을 지속하기가 어려워진다. 그렇다고 외국 신문사와 국내 일간지 간의 합병이 쉽지도 않을 것이다.

한때 잡지가 호황을 이루던 시대가 있었다. 하지만 미디어 환경이 변화하면서 대중은 이전처럼 잡지를 보지 않는다. 이른바 '잡지전성시대'는 가고 있다. 잡지도 빠르게 변하는 환경에 유연하게 대처해야 살아남을 수 있다. 잡지 기자는 독자를 사로잡는 기사나 특종 기사를 발빠르게 취재해서 기사를 잘 쓰면 인정받았다. 하지만 이제는 특종 기사를 쓰는 것뿐만 아니라 광고를 따오는 능력도 갖추어야 할 것이다. 잡지 경영자들은 사원을 채용할 때 이 두 가지 점을 함께 눈여겨 볼 것이다.

또한 많은 잡지사들이 자기 브랜드를 만들지 못하거나 안정적으로 광고 수주를 못하면 경영이 어려울 것이다. 이런 상황은 수많은 미국 잡지사들이 시장을 개척하기까지 치열한 경쟁을 해온 것 이상으로 더욱 치열하게 전개될 것이다.

신문이나 잡지 기자들이 직업을 바꾸는 경우가 늘어날 것이다. 한미 FTA 이후 직업 분야 중에서 가장 많은 영향을 받을 분야가 바로 신문기자이다. 이 부분은 실제로 예상할 수 없는 상황이라기보다는 생각하지 못하거나 언급하지 못한 현상이라고 할 수 있다. 분명히 광고 시장의 변화로 국내 신문사들의 광고료 수입이 줄어들 가능성이 크므로 신문기자직이 영향을 받을 것이다. 외국 기업들이 시장을 장악하고 외국 신문사들, 특히 미국 신문사들이 한국에 지국을 설치하면 국내 신문을 보는 구독자는 그만큼 줄어들 것이기 때문이다.

거기에다가 광고 시장의 위축, 다양한 매체로의 분산은 신문기자직의 상황을 더욱 어렵게 만들고 있다. 무가지에 웬만한 소식이 다 들어 있기 때문에 신문을 사서 보는 사람이 점점 줄어들고 있다.

이와 같이 안정되었다고 여겼던 직업이 많이 변화하게 될 것이다. 여전히 신문기자나 잡지기자가 되기 위해 취업을 준비하는 학생들은 있겠지만, 지금처럼 기자가 되기 위해 몇 년씩 준비하는 모습은 많이 사라질 것이다.

광고업

광고업계는 제조업의 불황으로 영향을 받아 인력 채용을

활발하게 하지는 않을 것이다. 한미 FTA 이후 양국의 시장은 다소의 움직임이 있겠지만 멀티미디어 시장이 확장되어 기존 시장은 도전을 받는 상황이 될 것이다.

인터넷 광고도 증가하겠지만 기존 광고와 마찬가지로 제조업의 변화에 영향을 받아서 채용이 많이 위축될 것이다.

이런 어려운 상황에도 미디어 플래너, 광고 기획직, 매체 기획, 상업광고 프로듀서, 그래픽디자이너, 웹광고 전문가 등을 채용하려는 움직임은 계속될 것이다.

문화산업

영화산업

　이번 한미 FTA에 가장 큰 영향을 받는 분야 중 하나가 영화산업이다. FTA의 의제는 아니었지만, 한미 FTA 타결을 위해 먼저 한국 영화의 의무상영일수를 기존의 절반인 연중 73일로 줄였기 때문이다. 프랑스 정책가들은 다른 것은 양보해도 프랑스 영화에 대한 지원만은 쉽게 타국에 양보하지 않는 정책 기조를 수십 년간 지속해 오고 있다. 한국의 정책가들은 이번 한미 FTA를 위해 스크린쿼터를 너무 쉽게 다뤘다는 평가에서 자유로울 수 없다. 영화 속에는 그 나라의 정신, 언어, 문화가 담겨 있다. 영화는 그 나라의 문화 정체성을 유지해준다. 뿐만

아니라, 영화는 황금알을 낳는 거위가 될 수 있는 산업이기도
하다. 또한 많은 직업을 파생할 수 있는 분야이다.

　하지만 이제 한국 영화는 미국 할리우드 영화에 시장의 많
은 부분을 내줄 위기에 처했다. 시장에서의 점유율이 줄고 총
수입이 줄면 당연히 영화 분야에서의 직업 파생 역시 약화될
것이다.

　스크린쿼터를 일방적으로 축소한 한국의 영화업계는 상당
히 어려운 환경에 놓일 것이다. 영화감독들은 수익성을 생각
하면서도 블록버스터 영화를 만들지 않으면 할리우드 영화에
대항하지 못한다는 것을 더욱 실감할 것이다. 하지만 영화 한
편에 들일 수 있는 자본의 규모가 태생적으로 차이가 나기 때
문에 스크린쿼터 축소는 곧 할리우드 영화의 강세를 가져올
것이다.

　한편 영화배우들은 외국으로 활발하게 진출할 것이다. 많은
한국 배우들이 미국 영화에 출연할 기회를 얻을 것이다. 할리
우드에서 활동하는 시나리오 작가들이 쓴 시나리오를 한국 영
화배우가 검토하는 세상이 올 것이다. 하지만 할리우드의 내
로라하는 유명 영화배우들처럼 되기 위해서는 영어를 유창하
게 할 수 있어야 한다. 미국에서 활동하던 한국계 영화배우들
이 국내 영화에 출연하는 경우도 많아질 것이다. 또 영화 시나
리오 작가들의 역할이 상당히 중요해질 것이다. 할리우드에서
시나리오를 사들여 영화를 제작하는 경우가 많아질 것이기 때
문이다. 현재도 국내에서 흥행한 영화 중에서 '엽기적인 그녀'

와 '시월애'는 할리우드에서 영화로 제작했다. 한미 FTA 이후에 이러한 일이 더욱 활발히 일어날 것이다.

할리우드 영화 자본가들은 한국 사람이 좋아하는 영화를 합작으로 만들어서 극장에 걸려고 할 것이다. 한국의 영화 시장은 그들에게 막대한 이익을 줄 만큼 시장성이 있다. 미국의 영화 에이전트들은 충무로의 영화 제작자들과 자주 접촉해서 흥행이 될 만한 영화를 만들 것이다. 영화 필름 딜러들은 할리우드에서 영화를 수입할 때 관세를 내지 않아도 된다. 필름 딜러들은 할리우드 영화의 구입 가격과 한국 극장에 거는 시기를 협의할 것이다.

한미 FTA가 체결되면 지금처럼 흥행에 성공하는 한국 영화를 만들기는 쉽지 않을 것이다. 극장에서 한국 영화보다 미국 영화가 더 많이 상영될 것이기 때문이다. 관객들을 사로잡는 좋은 영화를 만들어 엄청난 물량공세로 승부하는 미국 영화와 겨뤄야 할 것이다.

대학의 연극영화학부의 지원율은 더욱 상승할 것이다. 할리우드에 입성하려는 꿈을 꾸는 많은 젊은이들이 영화 관련업에 종사하기 위해 전공을 선택하기 때문이다.

필름 프로그래머들이 국제영화제를 기획하는 기회가 많아지긴 하겠지만 영화 프로그래머들의 고용 자체는 많이 증가하지 않을 것이다.

영화사들은 블록버스터를 제작할 수 있는 대형 회사나 전문 영화를 만드는 소형 회사로 양분될 것이다. 한편에서는 독

립영화를 만드는 개인들이 증가할 것이다.

한국의 영화사들은 할리우드 영화와 경쟁하기 위해서 블록 버스터 영화를 제작하지 않으면 안 된다는 강박관념에 시달릴 것이다. 이에 따라 영화 제작 비용을 조달하는 영화 자금 에이 전트들이 활발하게 활동할 것이다. 1920년대의 할리우드가 생 성된 과정처럼 미국의 대자본가들이 한국 등 주변국의 영화판 에 투자할 가능성도 있다. 영화 펀드매니저들은 한미 FTA 이 후에 한국과 미국을 오가면서 더욱 활발한 활동을 펼칠 것이 다. 그들은 영화를 제작할 때 미국 자본과 한국 자본을 동시에 투자하려 할 것이다. 영화 펀드매니저들의 활동 무대는 전 세 계가 될 것이다. 이제 영화 한 편을 제작하면 단순히 영화 자 체로 그치는 것이 아니라, 출판, 뮤지컬, 드라마 등 다양한 갈 래로 재생산해서 수익을 극대화하는 방향으로 움직일 것이다.

공연산업

공연은 미래 산업이다. 그래서 미국인들은 20세기 이후 공 연산업을 상당히 정교하게 발달시켜 왔다. 미국은 한미 FTA 의 문화 부분에서 한국의 양보를 많이 받아내서 미국 공연업 이 한국에 진출하는 교두보를 확보했다. 공연업이 발달하는 데는 여러 요소가 작용해야 하는데, 미국은 브로드웨이를 비 롯해서 공연 인프라가 잘 발달해 있다. 하지만 다른 측면에서 보면, 미국의 공연업이 한국에 들어오는 것이 한국의 공연업이 발달할 수 있는 기회일 수도 있다. 공연업에서 직업 파생은 얼마 동안 위축될 수도 있겠지만 먼 미래에는 긍정적인 요소로 작용할 가능성도 있다. 오페라, 뮤지컬 등 공연 산업의 장기적 전망은 그리 어둡지만은 않다.

공연 관련업의 미래

공연 프로듀서들은 점점 증가할 것이다. 공연 프로듀서들이 공연을 기획하는 일은 미국의 영향을 강하게 받을 것이다. 뉴욕의 브로드웨이에는 공연 극장이 40개나 있다. 이렇게 많은 극장에서 하루도 쉬지 않고 세계에서 가장 우수한 작품들이 공연되고 있다. 공연은 이제 산업이다. 영국은 극장 65개를 가진 공연 대국이다. 영국에서는 공연 프로듀서들이 가장 각광받는 직업 중의 하나다. 영국은 공연을 산업화해서 성공한 나라다. 일본도 마찬가지다. 일본은 공연으로만 연 2조 원이 넘는 매출을 올리고 있다. 2005년을 기준으로 한국이 공연 수입으로 거둔 2천억 원의 10배 수준이다.

전 세계 공연 시장은 크게 4개의 시장이 있다. 우선 영국 시장과 미국 시장이 있고, 아시아 시장 그리고 일본 시장으로 나눈다. 전 세계의 공연 시장에서 3대 회사의 힘은 더욱 막강해질 것이다. 3대 회사는 바로 '캣츠' '미스 사이공' '오페라의 유령'을 기획한 RUG company, 프로그램을 기획하는 능력이 탁월한 맥킨토시 프로덕션, 그리고 만화영화로 유명한 디즈니 컴퍼니이다. 특히 디즈니 컴퍼니는 주로 애니메이션을 만들다

1990년대 중반에 공연 시장에 뛰어들었을 때 과연 공연 시장에서도 성공할 수 있을지 모두가 주목했다. 디즈니는 이내 3대 뮤지컬 회사로 발돋움하면서 화제가 되었다.

이제 3대 회사가 만든 오페라와 뮤지컬이 한국 무대에서 자주 공연될 것이다. 오페라나 뮤지컬 공연은 흥행을 목표로 하는 상업 공연이다. 한미 FTA 이후에 브로드웨이의 공연 물결이 한국 시장에 아주 빠르게 번져올 것이다. 이때 대중예술 평론가들의 역할과 비중 또한 커질 것이다.

한편, 재즈 아티스트들도 인기 있는 직업으로 성장할 것이다. 국제적으로 악기를 거래하고 구매하는 상인들도 호황을 맞을 것이다. 한미 FTA의 물결은 대중 예술계에 더욱 많은 파급력을 제공할 것이다. 물론 할리우드의 영향을 받기도 하지만 브로드웨이의 영향을 더 강하게 받을 것이다. 또한 안목이 높아진 대중들은 직접 브로드웨이에 가서 공연을 보길 원할 것이다. 미국 대중예술계에서 볼 때 한국 같은 나라는 황금어장이다. 물론 북핵 위기 같은 것들이 변수이기는 하지만, 앞으로 한국은 대중예술 시장의 구조와 소비자들을 확대할 여력이 있는 시장이 될 것으로 예상하고 있다.

한미 FTA는 한국의 대중예술 직업 시장을 확장할 것이다. 뮤지컬 한 작품을 공연하는 데에도 무대장치를 하는 사람들과 출연 배우를 합하면 9백여 명 정도 되는 사람들이 필요하다. 이렇듯 대중예술은 앞으로 많은 고용을 창출하는 분야로 성장할 것이다.

음악산업

　음악산업은 성장하겠지만 인력 고용은 생각만큼 활발하지 못할 것이다. 대중음악 분야에서는 적은 인력을 채용할 것이 예상되고, 클래식 분야에서는 거의 인력을 채용하지 않을 것이다. 대중음악과 관련된 직업의 여건이 넓어지고, 재즈 아티스트들의 활동하는 공간도 커질 것이다. 또한 언더그라운드 뮤직을 하는 음악 클럽들이 늘어나서 재즈 피아니스트나 재즈 기타리스트가 공연할 수 있는 무대가 많이 생길 것이다. 이렇듯 공연 시장은 활성화될 것으로 예상하지만 일자리 창출은 그리 쉽지 않을 것이다.

　음반 저작권 합작 전문가를 필요로 하는 회사가 늘어날 것이다. 숀 패닝이 개발한 '냅스터'가 미국 대법원에서 법률을 위반한 기업으로 판정나면서 음악 시장에서 지적 재산권을 강화하고 있다. 따라서 미국 음악 재산권 전문 변호사들의 역할이 커질 것이다. 한국에서도 이제 음반 음원 전문 변리사나 변호사들의 영역이 확장될 것이다.

　한편, 일본 애니메이션 수입이 증가하면 일본어를 할 줄 아는 음반 수입 전문가를 필요로 할 것이다.

　그 밖에 재즈나 팝 연주 스태프 등에도 관심을 갖는 것이 좋다. 미국 음반사들은 한국 음반사의 상황을 자세하게 파악하고 있다. 이들은 이미 한국에 진출해서 돈을 벌고 있다. 한미 FTA 이후에 미국 음반회사들이 한국에 진출해도 인력을 많이 채용하지는 않을 전망이다.

지적 재산권 분야

인문학 서적 기획편집자들은 지적 재산권 문제로 인해 고용이 위축될 것이다. 그리고 외국 인문학 서적을 출간하는 데 저작료를 더 많이 부담해야 할 것이다. 또한 엄청나게 출간되는 책들의 영향으로 서점 북마스터는 전문화가 촉진될 것이다.

인터넷으로 음악을 들을 때 앞으로는 반드시 돈을 내야 한다. 음반 수출입 전문인들의 직업 여건이 그렇게 쉽게 좋아 지는 일은 없을 것이다. 다만 당분간 미국 음반의 가격은 저렴해질 것이다. 또한 한국 발명가가 미국에 특허를 내는 것은 쉬워진다. 그리고 인터넷 정보 침해 소송 전문 변호사들의 역할도 증가할 것이다.

디자인

　디자인산업은 미국이 선진국이다. 디자인 영역의 직업 분야가 개방되면 많은 미국 기업들이 한국에 진출할 것이다. 디자인산업은 이번 한미 FTA의 경제적 효과가 장기적으로 나타날 것이다. 발달한 미국의 디자인산업이 한국에 진출하면, 초기에는 한국의 디자인 전문 회사들에게는 새로운 도전이 될 것이다. 하지만 장기적으로 보면 한국 디자인산업이 발달하는 데는 이번 협정이 한국에 긍정적으로 작용할 것이다.

　디자인 경영 시대가 열렸다. 한미 FTA 이후 더욱 그럴 것이다. 미국만큼 디자인이 강한 나라도 찾기 힘들다. 물론 두려워할 것까지는 없다. 이런 현상이 어떤 양상으로 나타날 것인지를 미리 알고 준비하는 것이 필요하다. 바야흐로 개인 브랜드 시대다. 개인도 이제 디자인을 해야 한다. 디자인이라는 말은 이처럼 여러 방면에서 활용되고 있다.

디자인이 제품의 가치를 결정한다고 볼 수 있다. 명품인 '프라다' 제품이 가치를 인정받는 것은 다른 제품과 디자인에서 뚜렷이 구별되기 때문이다. 디자인은 제품의 가치를 높인다. 따라서 모든 경영자들은 디자인의 가치를 인식해야 한다. 예를 들어, 똑같은 성능을 가진 자동차라도 디자인에 따라 가격이 달라진다. 그것뿐만이 아니다. 디자인이 자동차의 판매를 촉진한다. 디자인 경영을 제대로 하지 못하면 호평을 받기가 어렵다. 디자인은 시장성을 갖게 하는 힘으로 작용한다. 디자인이 잘된 제품은 영업직원 열 사람보다 낫다는 말이 나올 정도다.

미국 기업들 중에는 브랜드 가치를 중요하게 여기는 기업이 많다. 그래서 회사 브랜드에 투자를 많이 한다. 브랜드 가치를 높이는 가장 중요한 요소가 바로 디자인이다. 미국에 있는 아트센터에는 늘 수강생들로 북적인다. 많은 젊은이들이 디자이너가 되기 위해 실력을 쌓고 있는 것이다. 특히 수강생들은 제품 디자이너가 되고 싶어한다. 디자인 분야에서 미국이 앞서가는 이유가 바로 여기 있는지도 모른다. 미국에서는 초등학교 때부터 미술에 대한 기초 학습을 차근차근 가르친다. 기초를 잘 닦은 학생들은 상급 학교에 진학해서는 디자인 전문 기술과 개념, 철학을 공부한다. 디자인의 인프라가 하루 아침에 이루어진 것이 아님을 잘 알 수 있는 대목이다.

한미 FTA 이후 일시적이기는 하지만, 미국 디자인 회사가 한국에 진출하기 시작하면 국내 디자인 회사들이 타격을 받을 것이다. 미국 회사들은 맹렬한 속도로 시장을 장악하려는 전략을 펼 가능성이 높기 때문이다. 파슨스 디자인 스쿨에서 공부한 우수한 미국 디자이너들을 비롯 3만여 명의 디자인 인력들과 경쟁을 하게 될 것이다. 물론 한국의 우수한 인력들을 채용하는 미국 디자인 회사도 있을 것이다. 하지만 한미 FTA 이후 다국적화 되는 추세가 거세질 때 과연 한국 디자인 회사가 시장에서 얼마나 경쟁력이 있을지는 의문이다.

디자인 시장

한미 FTA 이후 디자인 시장은 더욱 넓어질 것이다. 프린트 그래픽 디자이너, 스크린 그래픽 디자이너, 프로덕트 디자이너, 환경 디자이너, 빌딩 디자이너 등이 한국에서 폭넓게 활동할 것이다.

1972년 영국에서 디자인 전문 회사인 펜타그램Pentagram이 창립되었다. 펜타그램은 이후 디자인 전문 회사로 명성을 더해가면서 1978년 뉴욕, 1986년에 샌프란시스코에 지점을 세웠다. 아마도 한미 FTA 이후에는 외국의 유명 디자인 회사들이 한국 시장에서의 활동을 강화할 것이다.

빠르게 변화하는 세상 속에서 여러 가지 현상을 볼 수 있을 것이다. 이제 디자인 시장에서는 포스터를 전문으로 만드는 포스터 디자이너들을 많이 보게 될 것이다.

미국 사람들은 다른 사람에게 고마움을 표현할 때 선물을 많이 하는 편이다. 이런 미국 문화가 한미 FTA 이후 한국 사회에 더욱 널리 퍼질 것이다. 그렇게 되면 포장 디자이너들이 인기를 끌 것이다.

또한 회사의 고유한 정체성을 알리기 위해 아이덴티티 디자이너Identities Designer들에게 작업을 부탁할 것이다. 대표적으로 미국의 푸시 핀 스튜디오Push Pin Studies 같은 회사들이 아시아에서 더욱 많은 인재를 채용하고 그 사업 범위를 넓혀 갈 것이다. 이런 흐름은 한국에서 강화될 것으로 예상된다.

하지만 이런 외국 디자인 회사는 아시아 진출을 조금 더 연기할 가능성도 있다. 그래서 푸시 핀 스튜디오 같은 회사들의 움직임을 주목해야 한다. 이 회사에서는 북 디자이너들을 채용하기도 한다. 물론 푸시 핀 스튜디오에는 일러스트레이터와 로고 디자이너도 채용한다. 아마도 디자인 관련 직업들은 앞으로 더욱 각광받을 것이다.

디자인 컨설턴트

현대사회에서 직장인들은 점점 더 치열한 경쟁을 해야만 한다. 주 5일제 근무가 실시되고 있지만, 여전히 야근을 밥 먹듯이 해야 하고, 집에 돌아가서도 잡무를 처리해야 한다. 날마다 책상 위에는 처리해야 할 서류들이 산더미처럼 쌓여 있다.

경쟁에서 살아남기 위해 발버둥치지만 대부분의 직장인들은 회사에서 행복하게 일하기를 바란다. 이러한 흐름에 따라 디자인 컨설턴트들이 더욱 많이 등장할 것이다.

미국의 디자인 전문 회사인 두피 앤드 파트너스Duffy & Partners에 근무하는 브랜드 아이덴티티 디자이너들이 아시아 시장으로 직장을 옮길 가능성도 높다. 이런 흐름이 빨라지면 한국은 첨단 디자인 기술을 축적할 수 있는 긍정적인 효과도 거둘 수 있을 것이다. 그렇지만 앞선 미국 디자인 회사들에 대비하기 위해 철저하게 준비를 해야 한다.

또한 앞으로는 건축 디자이너나 모션 그래픽 디자이너를 더욱 우대할 것이다. 이 분야의 전문 인력을 필요로 하는 회사로는 미국 회사인 체르메이에프 앤드 게이스마Chermayeff & Geismar 같은 회사가 있다. 이 회사들은 많은 노하우를 한국의 디자이너들에게 가르쳐 줄 것이다. 또한 1834년에 창립한 M&co 같은 디자인 회사가 있다. 그 밖에 홈리빙 디자이너와 레이디스웨어 라벨 디자이너Ladieswear label designer가 주목을 받을 것이다.

세계에서 가장 뛰어나다고 평가받는 미국의 디자인 기술은 한국 디자인의 수준을 높이 끌어올리는 역할을 하게 될지도 모른다. 하지만 기술을 전수받는 대신 디자인 시장을 내주어야 하는 위험도 감수해야 한다. 한미 FTA는 디자인 전문가들을 더욱 세분화하는 기폭제로 작용할지도 모른다.

컴퓨터 게임

　무릇 시장 개방은 여러 가지 모습이 존재한다. 그중에 하나
는 강한 산업을 가진 나라는 시장이 개방될수록 유리하다는
것이다. 시장이 개방되면 매출과 순이익을 더욱 증가시킬 수
있기 때문이다. 게임업에서 한국은 글로벌 시장에서 충분히
경쟁할 준비가 되어 있다. 이런 점에서 바로 이번 한미 FTA가
한국 컴퓨터 게임업에 주는 영향은 긍정 효과가 더 크다. 이미
한국은 미국에 게임업 지사를 설치하고 상당한 이익을 벌어들
일 채비를 하는 중이다. 이미 진출한 기업들도 있다. 한국의
컴퓨터 게임업은 한미 FTA 타결로 기회를 만나게 될 것이다.
컴퓨터 게임업에서의 고용 파생은 상당히 증가할 것이다. 하
지만 한국 컴퓨터 게임 기업들이 얼마나 미국 컴퓨터 게임 시

장에서 수요자들이 좋아하는 게임을 만들어 낼 수 있는가가 관건이 될 것이다. 미국은 라스베이거스를 비롯하여 컴퓨터 게임이 아니라도 즐길거리가 많은 나라라는 특성이 있기 때문이다. 미국에서 수익을 올리려면 미국 컴퓨터 게임 시장을 제대로 조사하는 일부터 시작해야 할 것이다. 한미 FTA 이후 미국의 게임 시장은 다소 커질 것이 예상되지만 성장세는 천천히 이루어질 것이다.

게임업은 한미 FTA와 상관없이 이미 많은 가능성이 열려 있는 분야다. 왜냐하면 사이버 공간에서는 이미 국제적으로 경쟁을 하고 있기 때문이다. 이들은 관세와 상관없이 이미 국제적인 콘텐츠, 이야기, 예술성을 놓고 싸움을 하는 중이다. 따라서 한미 FTA 이후에도 좋은 콘텐츠를 가진 한국 기업들은 미국이나 베트남, 중국에서 저작권을 판매할 수 있을 것이다. 8천3백만 명의 인구를 가진 베트남은 아마도 게임회사들에게는 틈새시장이 될 것이다. 이렇듯 모든 영역의 직업이 한미 FTA의 영향을 받는 것은 아니라는 것을 알 수 있다.

베트남은 30세 이하 인구가 4천만 명이라고 한다. 이런 조건이 한국의 게임회사에게는 좋은 여건이 될 것이다. 한국에는 3만여 개의 PC방이 성업 중이다. 이에 비하면 작지만 2006년 기준으로 베트남에서 만여 개의 PC방이 생겼다. 베트남도 한국에 좋은 게임 시장이 될 수 있다.

베트남에는 '비바'라는 말이 있는데, '베트남'이라는 뜻이다. 베트남에는 빠르게 성장하고 있는 '비바 게임'이라는 유명한 회사가 있다. 한국 게임 회사들은 비바 게임을 통해서 틈새를 공략할 수도 있을 것이다. 물론 베트남의 게임 시장이라고 해서 쉽게 장악하지는 못할 것이다. 치밀한 전략을 세워서 차근차근 진행해 나가는 것이 중요하다.

베트남 사람들은 주로 무협 게임을 한다. 한국에서는 무협 게임이 비주류인 것과 다른 점이다. 하지만 베트남 사람들은 많은 면에서 한국 사람들과 비슷하다. 아마도 이러한 점 때문에 베트남이 IT 분야에서 다른 나라보다 한국의 기술을 쉽게 받아들일 수 있을지도 모른다.

또한 한미 FTA 이후 미국 청년들도 베트남 못지않게 한국의 게임을 좋아하게 될 여지가 충분히 있다. 미국은 도박 산업이 아주 발달했다. 도박 기업, 카지노 비즈니스 산업 영역에서 다양한 직업이 존재한다. 한미 FTA 이후 미국이 한국에서 도박 사업을 본격적으로 시작하면 카지노 딜러와 카지노 경영자들의 일자리가 증가할 것이다. 미국의 카지노 사업은 국내 시장을 빠른 시간 안에 장악할 가능성이 크다.

게임 회사들의 경쟁은 더욱 치열해질 것이다. 하지만 게임 제작업체와의 퍼블리스 제휴업이나 온라인 커뮤니티를 동시에 보유한 회사에서 인력을 많이 고용할 것으로 예상된다. 2006년 월드컵 이후 축구 온라인 게임에서 대박을 터뜨린 국내 게임 회사에서 인력을 많이 고용하고 있다. 스포츠 게임 시장은 크게 성장하고 있다. 하지만 최근에 소비 부진으로 게임 시장의 인력 고용에도 영향을 주고 있다. 아마도 한미 FTA 이후 이런 상황은 지속될 것이다.

한편, 컴퓨터 게임 마니아들이 늘어나면서 공중파에서도 게임경기를 생방송으로 해주는 프로그램이 생겼다. 인력 수요는 있으나, 회사가 원하는 조건을 갖춘 인력이 많지 않아 실제로는 고용이 많이 이뤄지지 않을 것으로 보인다.

또한 컴퓨터 게임 시나리오 작가들의 인세가 오르고, 게임 디자이너들의 몸값은 더욱 올라갈 것이다. 프로게이머들의 채용도 다소 증가 추세를 보일 것이다. 그리고 한국의 컴퓨터 게임이 미국 컴퓨터 게임 시장을 파고들 것이다. 컴퓨터 게임 산업은 한미 FTA 체결로 많은 혜택을 누릴 것으로 예상된다.

부동산

외국 기업들이 한국에 많이 진출하면 빌딩 사업, 임대 주거 사업은 활발해질 것이다. 이번 한미 FTA는 부동산 부분에 대한 규정은 없다. 하지만 외국 기업들이 한국에서 역동적으로 사업을 하게 되면 한국에서는 부동산회사들의 일자리 창출은 지금보다는 활성화 될 것이다.

한미 FTA 이후 한국에 진출한 미국 부동산회사는 더욱 많은 수익을 올릴 것이다. 그들은 이미 여러 나라에서 자본을 투자해서 많은 수익을 올리고 있다. 그들은 주로 대형 빌딩을 사들여서 이를 임대하는 형식으로 돈을 번다. 예를 들어, 한국에서 부동산 사업을 하는 하리미 씨는 미국인이다. 그는 중국에서 태어났지만 5세에 미국으로 건너와서 뉴욕대학에서 부동산을 공부한다. 그는 MRED(부동산석사) 자격을 취득한 뒤 미국 부동산회사에서 경력을 쌓는다. 한국과 미국 간에 자유무역협정이 체결되자 그는 한국에 들어와 대형 빌딩을 사서 임대료를 받고 관리하는 부동산 매니저로 일한다. 이제 하씨 같은 부동산 매니저들이 한국에 더 많이 진출할 것이다.

한미 FTA는 쿠시먼 웨이크 필드, 컬리어스 자딘 같은 회사들이 사업하기 좋은 환경을 만들어줄 것이다. 이러한 상황은 한국 부동산회사들이 성장하기에 가장 힘든 조건이 될 것이 분명하다.

부동산 개발 전문가

경영이 부실한 건설회사들이 시장에 매물로 나와서 인수자들이 정해지면 부동산 시장의 판도가 달라질 것이다. 정부에서 경기부양책을 실시하지 않으면 국내 건설회사들의 건축 물량은 크게 증가하지 않을 것이다. 오히려 해외 건설 시장 중에서 서남아시아 건설 시장이 성장하고 있는 중이다.

건설 규제와 세금 강화로 인해 건축 사업이 위축된 상황이 지속될 전망이다. 따라서 새롭게 인력을 채용하는 경우는 크게 줄어들 것이다. 대형 건축 회사에서 건축직과 토목직을 일부 채용할 것이다.

부동산 개발 전문 회사에서는 경력자를 다소 채용할 것이 예상된다.

CVE(Construction Value Engineering)와 CM(Construction Management) 직종에서 기술이 있는 인재들에게는 다소 고용 기회가 주어질 것이다.

특수 건자재 영업직에서도 다소 인력을 채용할 것이다. 특히 건자재 회사인 라파즈석고, 효성 드라이비트, 종합 건축회사인 삼성물산에서 인텔리전트 빌딩 설계전문가, 해외 수주 전문가 직종이 유망할 것으로 예상된다.

안타깝지만 미국 부동산 산업이 한국 시장의 주요 부분을 차지할 것이다. 수준 높은 인력 자원을 가진 미국이 한국의 부동산 시장을 장악하리라는 예상은 틀림없을 것이다. 한미 FTA 체결로 이런 상황이 한국 시장에서 나타날 것이다.

한국의 부동산 시장에서는 이미 국제 거대 자본들의 대형 거래들이 이루어지고 있다. 이런 추세가 시작되자 국제 펀드들이 한국의 부동산 시장에 눈독을 들이고 있다. 한국 부동산 가격의 앙등 현상은 이런 흐름을 더욱 부추기고 있다. 하지만 전문가들이 부동산 거품 현상을 경고하고 있고, 국제 가격과 비교해도 한국 부동산 가격이 지나치게 높게 평가 되어 있는 것을 인식하면서 해외 부동산회사들은 신중한 자세를 보이고 있다.

부동산 업계에서는 신입 직원보다는 경력직을 우선으로 채용하려고 할 것이다. 또한 부동산 컨설턴트, 부동산 애셋 매니저, 부동산 임대 에이전트 같은 새로운 직업 분야로 진출해 볼 만하다. 한미 FTA는 한국의 부동산 거래 기술을 높이는 계기가 될 가능성도 크다.

최근에 미국의 TRI이라는 리츠 전문 회사와 국내 회사가 합작한 Realty Adversor Korea가 설립되었다. 앞으로 미국과 한국의 합작 회사가 늘어날 것이므로 이런 회사에 관심을 갖는 것이 좋다. 또한 외국인들은 부동산 임대업에 관심을 갖고 있으므로 외국 부동산회사들이 부동산 컨설팅 분야에서 국내 전문가들은 고용할 가능성이 크다. 외국인들이 국내 빌딩 시장에 빠르게 몰릴 것이 예상되므로 이 분야에서도 인력 채용이 서서히 증가할 것이다. 그 밖에 부동산 가치 평가직, 비서직, 부동산 금융전문가, 부동산 법률 컨설턴트, 파이낸셜 애널리스트, 애셋 애널리스트Asset Analyst들을 많이 채용할 것이다.

제조업

패션

명품의 대명사가 된 구찌가 맨 먼저 만든 제품은 가방이었다. 구찌의 가방이 나오자 사람들은 전통의 아름다움을 느끼게 하는 이 가방에 열광했다. 마침내 디자이너 톰 포드가 구찌의 전통미에 현대 감각을 도입한 패션 디자인 제품을 시장에 내놓았다. 이 제품들은 전 세계에서 크게 성공했다. 1918년에 유럽에서 시작해서 서서히 시장을 확대하고 있던 구찌는 톰 포드의 디자인으로 전 세계 시장에서 호평을 받았다. 이처럼 자유무역협정 이후 한 사람의 전문가가 회사에 끼치는 영향력이 강해지는 직업 분야가 바로 패션 시장이다.

한미 FTA 협상에서 관세 철폐로 이익을 보는 분야가 바로 패션 분야다. 미국은 한국산 옷에 대하여 17.9%의 관세를 적용해 왔다. 앞으로 이것이 점차 폐지되면 한국 옷을 미국에 저렴하게 수출할 수 있는 구조가 될 것이다.

한국 패션 산업의 수출 구조는 취약점이 있지만 다양한 수익을 올릴 수 있는 가능성이 크다. 하지만 한국 패션 회사들은 1997년의 외환위기를 극복하는 과정에서 경영 상태가 악화되어 있기 때문에 기회를 제대로 활용하는 회사의 숫자는 제한적일 것이다. 미국인들은 운동 경기를 보러 갈 때 자신들이 좋아하는 팀의 유니폼을 사서 입는 소비 패턴을 가지고 있다. 그래서 스포츠 패션 회사들이 미국에 진출하면 이익이 증대될 가능성이 높다. 이러한 상황이므로 패션 분야에서 활발하게 고용 창출이 이루어질 것이다.

하지만 한미 FTA 이후 한국의 패션업계의 전망이 밝지만은 않다. 이미 '도나 카렌 뉴욕'이나 '시어즈 로벅' 같은 브랜드는 한국에서 브랜드 가치를 높이고 있다. 하지만 한국 패션 제품들은 미국 패션 시장의 높은 벽을 넘지 못하고 있다. 그렇다면 미국 시장을 공략하기 위해서는 어떻게 해야 할까? 먼저 한국의 패션 회사들은 브랜드 가치를 키우는 브랜드 전략을 더욱 강화해야 한다. 싼 값으로 대량 생산해서 팔기보다는 브랜드의 가치를 높여야 한다. 그리고 개성 있는 구찌의 디자인을 만들어 낸 톰 포드 같은 인재를 발굴해서 육성해야 한다. 뛰어난 디자이너를 많이 보유한 조직으로 바꿔 가야 하는 것이다. 그래야만 미국 패션 시장에서 영역을 확보할 수 있을 것이다. 그렇지 않으면 한미 FTA 이후에도 한국 패션업계는 패션 디자이너, 패션 컨설턴트, 패션 머천다이저, 패션 전문 저널리스트, 패션 코디네이터 등 일자리 창출에 성공하기 힘들 것이다.

또한 중국에 시장을 많이 내준 한국의 직물회사들, 패션 디자인 회사들, 패션 머천다이징 회사들은 이제 한미 FTA 이후 더욱 난공불락이 되어버릴 미국 패션 시장을 향해 도전을 해야 한다.

의류 MD

많은 패션 회사들이 임금이 싼 중국에 진출할 계획을 하고 있다. 이런 회사들은 중국어에 능통한 사람을 채용할 것이다. 중국 현지에서 영업직은 일부 채용하지만, MD(Merchandiser) 직종은 한국에서 공부한 인력을 채용할 가능성이 크다.

의류업계가 서서히 불황 국면을 벗어날 조짐을 보이고 있다. 수출 시장이 좋아지는 것을 기반으로 인력 채용이 다소 늘어날 것으로 예상된다.

또한 한미 FTA 이후로 한국에서 생산한 의류를 미국에 많이 수출할 것이다. 관세가 없는 좋은 조건에서 미국 패션 시장에 진출해서 2억 5천여만 명의 새로운 소비자들을 만날 수 있다. 하지만 과연 한국이 미국 소비자의 구매 욕구를 자극할 패션을 창조해 낼 수 있는가가 관건이 될 것이다.

디스플레이가 강조되는 VMD, 패션 마케팅 웹프로그래머, 숙녀복 디자이너, 캐주얼 디자이너, 패턴사, 의류 MD 채용이 다소 예상된다.

반도체업

반도체업은 한미 FTA의 영향을 적게 받을 것이다. 기존에 한국 메모리 반도체 회사들은 시장 개방에 노출되어도 영향을 받지 않을 만큼 성장했다. 오히려 신규 고용 기회는 회사 자체의 신기술 연구에 성공하느냐에 달려 있을 것이다

한국 반도체 기업들이 비메모리 반도체 기술을 활발히 연구하면 미국에 더 많이 수출할 수 있을 것이다. 이에 따라 비메모리 설계가들의 고용도 증가할 것이다.

메모리 반도체 시장이 20%라면, 비메모리 반도체 시장은 80%를 점유할지도 모른다. 한미 FTA 이후에 비메모리 시장이 더 커질 것이다. 하지만 한미 FTA 이후에 반도체 시장에서 고용 변화는 크게 나타나지 않을 가능성도 높다. 반도체 기술 분야에서 대만, 미국, 한국이 앞서 있다. 하지만 한국은 아직 메모리 분야에서만 선진 기술을 가지고 있다. 비메모리 분야에서는 대만이 한국보다 앞서 있다. 대만의 TSMC와 UMC 같은 회사에서는 반도체 연구원을 많이 채용하고 있다. 이런 회사는 앞으로도 기술 개발에 중점을 둘 것이다. 한 나라가 반도체 기술 한 가지만 가지고 있어도 국부를 창출할 수 있다.

한미 FTA 체결로 한국은 반도체 분야에서 유리해졌다. 왜 나하면 무관세로 거래를 할 수 있기 때문이다. 하지만 한미 FTA 이전에도 관세율은 높지 않았으므로 대미 수출에는 영향을 받지 않는 구조라는 점을 알아야 한다. 어쨌든 한미 FTA 체결로 한국은 반도체 수출을 더 많이 할 수 있게 되었다.

반도체 시장은 디지털 세상이 되면서 더욱 커지고 있다. 반도체 기술은 갈수록 전 세계 시장을 개척하고 있다. 따라서 삼성전자, 엘지전자, 동부 일렉트로닉스, 하이닉스 반도체 같은 한국 회사들은 미국 반도체 시장에서도 위력을 발휘할 것이다.

반도체 분야의 고용

한미 FTA는 디지털 세상을 더욱 촉진하게 할 것이다. 인터넷을 통해 국가 간에 더욱 활발하게 정보를 주고받기 때문이다. 이런 환경에서는 반도체 비메모리 기술의 힘이 더욱 커질 것이다.

디지털 세상으로 빠르게 변화하면서 반도체 기술은 더욱 중요해졌다. 반도체의 상품성은 하루가 다르게 극대화되고 있다. 이런 추세는 앞으로 더욱 강화될 것이다. 왜냐하면 디지털 홈네트워크 시장이 점점 더 확장될 것이기 때문이다.

한국은 메모리 분야에서 여전히 세계 1위를 유지하면서 고용에 탄력을 받을 것으로 예상된다. 하지만 기업들이 비메모리 분야의 기술을 개발하는 데 많은 투자를 할 계획을 세우면서도 집행을 할 때는 상당히 신중하게 하려는 움직임도 보일 것이다. 또 한국은 파운드리 반도체 연구에 성공을 해서 고용 시장의 전망을 밝게 하고 있다.

반도체 분야의 여러 직종 가운데 비메모리 반도체 설계 전문가는 한미 FTA 이후 한국의 반도체 노동시장에서 더욱 많이 고용될 것이다. 왜냐하면 반도체 비메모리 분야에서 수출이 촉진되는 환경이 될 것이기 때문이다. 이 직종은 오히려 한미 FTA가 긍정적인 영향을 줄 것이다. 2006년도에 조사한 바에 따르면, 한국에는 비메모리 반도체 설계 전문가가 30명 정도 있다고 한다. 이들은 고급 인력 중에서도 가장 많은 연봉을 받는다. 반도체를 구상하는 일은 반도체에 대한 전문 지식과 상상력이 없으면 불가능한 일이다. 반도체 비메모리 기술은 스마트카드, 자동차 고전압 시스템, 핸드폰의 액정 화면 등에 쓰인다. 그 밖에 모든 가전제품에 활용되고 점점 더 그 폭이 커지고 있다.

메모리 분야에서는 기술과 영업 역량을 모두 갖춘 인력을 많이 고용할 것이다. 또한 소수의 마케팅 인력을 채용할 것이며, 비메모리 분야에서는 연구 개발 직종에 필요한 인재를 주로 고용할 가능성이 높다.

한미 FTA 이후에 한국의 반도체 기업들은 메모리 저장 기술의 개발을 촉진하는 방향으로 사업을 펼칠 것이다. 2만여 개가 넘는 비메모리 기술은 새로운 기술로 대체되면서 더욱 치열하게 경쟁할 것이다. 대만의 UMC, TSMC 같은 유명한 반도체 회사들이 한미 FTA 이후에 한국의 반도체 회사의 고급 기술 인력들을 데리고 갈 수도 있다. 또 그렇게 큰 영향을 받는 것은 아니지만, 반도체는 아마도 한미 FTA 이후 미국 시장에서 더욱 많은 수익을 낼 수 있을 것이다. 하지만 너무도 빠르게 기술이 변화하기 때문에 적절히 대응해야 할 것이다.

전자회로 설계가

한미 FTA 이후 전자회로 시장은 더욱 커질 것이다. 하지만 이미 인력 충원이 많이 되어 있기 때문에 고용이 활발하게 이루어지지는 않을 것이다.

기술이 빠르게 발전하면서 전문 엔지니어를 더욱 많이 필요로 할 것이다. 광케이블, 광통신 장비, 위성체 장비, 회로설계 전문인, 고속 데이터 트래픽, 휴대폰 등을 만드는 회사 에서는 꾸준히 인력을 채용할 것이다. 전자회로 설계가들은 미국 시장이 커지면서 더욱 유망한 직업으로 주목받을 것이다.

화학 엔지니어

인간의 생활을 편리하게 해주는 화학제품은 계속 생산되고 있다. 하지만 국제 유가가 오르면서 수익률이 감소하고 있어서 인력을 고용하는 회사는 많지 않을 것이다.

정밀 화학 연구직과 정보 전자 소재 영업직에서는 소수라도 인력을 고용할 것이다. 또한 고정밀 화학 회사들의 신제품 개발직에 관심을 기울일 만하다. 하지만 한미 FTA 이후 화학 엔지니어링 회사가 얼마나 성장하게 될지 예상하기 어렵다.

정밀 기계 엔지니어

정밀 기계 엔지니어 분야에서 엔드밀, 초경드릴, 하이스 드릴 같은 공구 시장은 큰 변화가 없을 것이다. 이 분야는 이미 독일 회사들이 한국 시장의 상당 부분을 차지하고 있다. 이를 테면, 게링 코리아Guhring Korea는 자동차 생산에 필요한 공구를 생산하는데, 이런 회사들은 한미 FTA 이후에도 별 영향을 받지 않는다. 오히려 생산량이 늘어날지도 모른다.

정밀 기계 연구원들의 고용은 증가할 가능성이 크다. 관세가 부과되지 않는 조건에서 이들 정밀 기계 제품을 만드는 회사들은 부자 나라인 미국 시장을 새로 얻은 것이기 때문이다. 하지만 이런 여건은 정밀 기계 기술이 세계적인 수준에 오른 회사에게만 좋다. 그렇지 않은 회사들은 오히려 인력을 줄일 것이다.

한미 FTA 체결로 일시적이지만 자동차 수출은 증가할 것이다. 미국에 수출하는 과정에서 부과되는 여러 가지 조세가 없어지기 때문이다. 자동차 수출이 증가하면 정밀 기계 엔지니어의 고용도 활성화될 것이다. 따라서 한국의 정밀 기계 산업체들이 활발하게 사업을 펼칠 기회를 얻을 수 있다.

하지만 신기술 개발을 향한 치열한 경쟁은 더욱 심해질 것
이다. 정밀 자동차 기기 엔지니어의 채용은 금세 증가하지는
않지만 점차 고용이 늘어날 것이다. 미국 회사들은 기계공학
을 전공한 인재를 더욱 많이 고용할 것이다.

유람선 설계가

세계에서 한국은 조선 분야에서 1위의 자리를 지키고 있다.
아마도 한미 FTA 이후에도 조선 분야는 타격을 받지 않을 것
이다. 하지만 숙련 기능직을 구하기가 점점 더 힘들어질 것이
다. 많은 제조업체들이 숙련 기술자를 더욱 많이 채용하는 반
면에 비숙련 기능직은 채용을 꺼릴 것이기 때문이다.

한국 조선 업체들은 호텔 수준으로 인테리어를 해야 하는
쿠루즈선은 유럽에 비해서 아직 많이 수주를 못하고 있다. 하
지만 한미 FTA 이후 이런 상황은 달라질 수도 있다. 왜냐하면
미국에서 유람선 수요자들이 증가할 것이기 때문이다.

조선은 수주 물량이 꾸준히 늘어나는 분야이지만, 인력 채
용은 선박공학, 전기, 기계 전공자들을 주로 채용하는 편이다.
이런 현상은 갈수록 심화될 것이다. 해외에서 수주 받은 물량
이 많아 호황이지만 신규 채용은 그리 많지 않을 것으로 예상
된다. 국내 여건보다는 해외 여건이 좋아져서 채용이 되는 경
우가 있을 것이다.

전통 도자기

한국의 전통 도자기 시장은 한미 FTA 이후 더 나아질 것이다. 도자기 시장은 한국의 고유한 아름다움을 상품으로 만든 영역이기 때문이다. 미국의 도자기 사업도 만만하지 않다. 하지만 한국의 전통 도자기 시장은 미국 도자기 시장과 견주어도 경쟁력이 있는 분야다.

전통 도자기 수출 전문가의 영역은 한미 FTA 이후에 더욱 활성화될 것이다. 미국의 도자기 시장이 위협적이긴 하지만, 오랜 전통을 가진 한국의 도자기는 다른 어떤 분야보다도 더 많은 이익을 창출할 수 있을 것이다. 물론 환율 등 변수를 반드시 고려해야 하는 것을 잊어서는 안 된다.

그 밖의 직업의 미래

농업과 어업

한미 FTA가 본격적으로 발효되면 농부들은 전문화 농업, 과학화 농업으로 전환해야 할 것이다. 중국과 칠레의 농산물에 이어 국내 시장에는 미국 농산물이 범람할 것이다. 수입 농산물과 경쟁이 되지 않기 때문에 현재의 작물을 포기하고 수익을 올릴 수 있는 다른 작물을 재배하는 농가들이 늘어날 것이다. 이러한 여건에서 원예 전문 생산 단지들이 많이 생겨날 것이다.

어업에 종사하는 사람들도 마찬가지 상황이다. 미국에서 민어, 명태, 고등어 같은 값싼 수산물들이 대량으로 들어오면 소비자들은 값싼 미국산 수산물을 더 선호할 것이다. 바다가

오염되어 점점 더 어획량이 줄어들어 어려운 어민들은 더 힘든 상황을 맞이하게 될 것이다. 연안 어업을 하는 선주들도 점차 줄어들 것이다. 하지만 수출용 활어를 운반하는 시설을 현대화하기 위한 움직임이 활발하게 나타날 것이다. 오래된 선박의 교체 등도 활발해질 것이다.

공기업

어느 정치인은 말한다. "한미 FTA, 그것 겁낼 필요 없습니다." 하지만 한미 FTA를 간단하게 생각해서는 안 된다. 공기업에 들어가는 것이 낙타가 바늘귀에 들어가는 것만큼 힘들다고 해서 이른바 낙바생이라는 말이 생겼는데, 한미 FTA 이후 '낙바생'의 문제는 더 심각해질 것이다. 공기업은 민영화 바람을 탈 것이고, 이 과정에서 공기업은 작은 조직으로 재편될 것이기 때문이다.

호텔 국제 판매 전문가

호텔 국제 판매 전문가는 호텔에 오는 외국인들에게 객실 서비스를 하는 일이다.

한미 FTA 이후 호텔 경영은 좋아질 것이다. 사업차 한국을 방문하는 사업가들이 점점 늘어나면서 호텔들은 호황을 누릴 것이다. 그렇지만 몇몇 고급 호텔의 경우에만 해당될 것이다.

한편, 외국인 사업가들을 겨냥해서 호텔을 자꾸 지으면 경쟁이 심해져 적자를 보는 호텔들이 생길 수도 있다. 한국을 방문하는 외국인들은 한정되어 있어 호텔 간에 경쟁이 치열해지는 측면을 간과해서는 안 된다.

1990년대 중반에 호텔의 수익 구조에 긍정적인 영향을 준 부대 비즈니스를 움츠러들게 하는 정책 때문에 호텔들은 수익 모델 창출에 어려움을 겪고 있다. 점차 여가 시간이 늘어나고 있지만 소비자들은 시내 호텔보다는 다른 여행지로 떠나는 것을 선택하는 경향을 보이고 있다. 호텔 분야의 시장 전망은 별로 밝지 않다.

호텔업계에서는 고객을 더 많이 끌어들이기 위해 활발하게 인력을 채용할 것이다. 판촉직에서 계약직 형태로 채용하거나 국제 판매직에 외국어 능통자, 홍보직에 홍보 관련 경력자, 웨딩 코디네이터에는 신입사원을 선호할 것으로 예상된다. 또한 숲 속에 있는 호텔에서는 버틀러butler를 고용할 것이다. 하지만 한미 FTA 이후에도 호텔에서 생각만큼 인력을 많이 고용하지는 않을 것이다.

연회전문가(banquest)

연회전문가는 외국인이 주로 이용하는 호텔에서 일할 기회가 많아질 것이다. 호텔은 개방할수록 사업 여건이 좋아지는 특성이 있다. 호텔에서 일하고 싶은 사람들에게 연회전문가는 장래가 밝은 직업이다.

외국인들뿐만 아니라 요즈음 국내에서도 연회전문가의 활동 영역이 점점 넓어지는 추세다. 기업 홍보를 하기 위한 연회

뿐 아니라 개인들이 작은 모임을 할 때도 연회전문가에게 맡긴다. 이러한 흐름은 한미 FTA 이후에 더욱 활발해질 것이다.

식품연구원

한미 FTA 이후 다국적 식품회사들은 한국 시장에서 더욱 공격적으로 사업을 펼칠 것이다. 이들은 한국 소비자의 입맛에 맞는 음식을 개발하는 데 많은 투자를 할 것이다. 이에 따라 국내에 미국 식품이 대량 유입되면 한국의 식품회사들은 경영이 점점 힘들어질 것이다. 이에 따라 식품 유통 전문인들에게 쉽사리 일자리가 생기지 않을 것이다. 하지만 소비자들을 사로잡을 만한 식품을 만들어 내기 위해 식품연구원을 고용하는 경우는 늘어날 것이다. 소비자가 만족하는 식품을 개발해야만 다국적 식품회사와 경쟁해서 살아남을 수 있기 때문이다.

미국의 식품회사는 자본과 인력 그리고 식품의 질에서 한국보다 앞서 있다. 아마도 한국의 식품연구원들은 많은 연구를 해서 새로운 식품을 끊임없이 개발해 내야 할 것이다.

환경 영향 평가사

환경 영향 평가사는 아직 한국에서 널리 알려져 있지 않다. 하지만 앞으로 주목받을 직업이 될 것이다. 한미 FTA 이후에도 환경 분야의 직종에서는 인력 채용을 많이 하지는 않을 것이다.

국내 환경사업 시장은 건설 경기가 위축되어 거래가 활발하게 이루어지지 않을 것이다. 하지만 인도, 베트남, 중국에서 환경 시장이 넓어지면서 환경 장비 분야에서 다소 고용을 할 것이다. 중국어를 할 줄 알고 환경공학을 전공한 학생들은 일자리를 얻기가 수월할 것이다.

환경의 중요성은 점점 커지고 있으나 대기업의 제조업이 불황이어서 환경 관련 직종에서는 인력을 조금만 채용할 것이다. 환경 영향 평가직, 환경 생태학자, 수질 전문가, 대기 전문가, 소음·진동 전문가, 폐기물 전문가들은 그래도 일자리를 얻을 수 있을 것이다.

한미 FTA 이후 미국 기업들은 환경 평가를 더욱 강화할 것이다. 미국 협상단이 협상 과정에서 한국의 대기오염 문제를 강하게 제기했던 데는 이유가 있다. 환경을 더욱 치밀하게 평가하는 흐름은 앞으로 더욱 강화될 것이다. 환경 영향 평가 전문가가 되려는 사람들에게는 한미 FTA 이후 일거리가 더욱 많아질 것이다. 그리고 한국의 대기오염, 수질 등 환경 영향 지수들이 개선될 것이다.

1990년대 초반에 열린 리우환경회의 이후 한국은 환경오염을 줄이기 위해 노력하고 있다. 하지만 아직까지 제대로 된 성과를 거두었다고 보기는 힘들다. 하지만 리우환경회의 이후 답보 상태를 유지하던 한국의 환경오염 문제가 한미 FTA 체결로 개선될 것이다. 미국 자본이 들어오면 엄격한 환경 기준을 적용하고 집행할 것이 예상되기 때문이다.

리서치 전문가와 개인 신용 평가사

소비 시장에서 소비자의 경향을 파악하는 것은 아주 중요하다. 리서치 시장에서는 꾸준히 인력을 채용할 것이다. 마케팅 리서치 어시스턴트에 관심을 가져 볼 만한 상황이다.

한편, 개인 신용 평가 직종도 기대되는 직업 분야다. 개인의 신용이 중요해지면서 이 분야를 전문으로 다루는 시장이 점점 더 커질 전망이다. 개인 신용을 평가해주고 관리해주는 전문가가 분야별로 필요한 상황이다. 외국의 신용평가회사보다는 국내 신용평가회사에서 더 많은 인력을 필요로 할 것이다. 그 밖에 개인 신용 평가 전문가, 유가증권 평가직, 자산 평가직에서 인력을 채용할 것이다.

미용

한미 FTA 이후 미용사들은 취직하기가 더 어려워질 것이다. 미국 체인점 형식의 미용실이 한국에 진출해서 미용 시장을 장악할 수도 있다. 이런 상황이 되면 점점 더 미용사들은 일자리를 구하기 힘들 것이다.

메이크업 분야는 외국계 회사에서 많은 인력을 채용할 것이다. 스밴슨 코리아, 바디숍을 중심으로 한 뷰티 아티스트 등의 채용에 관심을 갖는 것이 좋다. 메이크업 시장은 앞으로 시장성이 있는 중국에 많이 진출할 것이다. 하지만 전반적으로 미용 분야에서 고용은 다소 부진할 것이다.

경영 컨설턴트

경영 컨설팅 영역은 전반적으로 인력 채용을 많이 하지 않는다. 게다가 장기간 이어지고 있는 경기 부진은 경영 컨설팅 고용 시장을 위축시키고 있다. 이런 추세는 한미 FTA 이후 더욱 심해질 것이므로 경영 컨설턴트 분야에서 일자리는 많이 늘지 않을 것이다.

인터넷 컨설팅 분야에서는 다소 일자리가 생길 것이며, 맞춤 컨설팅(Customizing Consulting) 영역을 강화한 한국능률협회의 사업 영역에도 주의를 기울일 필요가 있다.

인터넷 분야에서 웹 컨설턴트들을 채용하려는 회사가 늘어날 것이다. 국내 컨설팅업은 여전히 전망이 좋으나 IT 기술을 활용하는 추세로 인해 인력 채용이 활발하게 이루어지지는 않을 것이다. 대체로 경력자 채용이 주류를 형성할 것이다.

그 밖에 사업 정보를 수집하고 분석하는 BA(Business Analyst) 직종이나 시스템 컨설턴트 직종에서 신입사원을 채용할 것이 예상된다.

무역업

한국은 무역 분야에서 세계 12위의 교역 강국이다. 수출은 한미 FTA 이후 상당히 늘어날 것이다. 하지만 환율 변화가 변수다.

인터넷의 확산으로 무역 절차가 간소화되고 있고, 경제의 국경선이 사라지는 추세에서 플랜트 수출 분야 전문가들의 채용이 다소 나타날 것이다.

1974년에 시작된 종합상사가 서서히 쇠락하는 조짐을 보이기 시작하면서 종합상사들은 종합사업회사로 변화하는 모습을 보이고 있다. 아마도 한미 FTA 이후 수출 전문인들을 더 많이 고용할 것이다. 종합상사들은 총무와 재무 등 관리직 인재를 공동으로 두려고 하려는 움직임을 보이고 있다. 따라서 이 분야에서 관리직은 거의 일자리가 생기지 않을 것이다.

한편, 인터넷 상거래 시장이 생기자 새로운 많은 직종이 생겨나고 있다. 인터넷 무역 전문가를 많이 채용할 것이다. 특히 전자상거래를 이용해서 세계 시장에서 거래업체 발굴, 사업 제안서 및 사전 무역 업무 진행, 계약 체결 절차를 구체적으로 공부하면 채용 시장에서 경쟁력이 있을 것이다. 또한 일본어와 중국어를 할 수 있다면 무역회사에 취직하기가 훨씬 수월할 것이다.

한미 FTA 이후 유망 직업과 자격증

한미 FTA 이후 10대 유망 직업

한미 FTA는 한국과 미국을 단일한 시장으로 묶는 것으로 직업 세계에도 광범위한 영향을 미칠 것이 틀림없다. 미국계 기업이 한국에 많이 진출하고, 또한 한국 기업이 미국에 활발히 진출하는 분야의 경우 인력 수요가 늘어날 수밖에 없다. 한미 FTA가 가져 올 변화를 예상하며 향후 유망한 10대 직업군을 소개한다.

외국 투자은행의 준법 감시인

미국 월가의 투자은행에서는 준법 감시인들이 활발하게 활동하고 있다. 한미 FTA 타결로 미국의 선진 금융 시스템이 한국에 더 많이 들어오면 이 직업은 유망해진다. 이들이 하는 일은 은행원들이 법을 지키면서 금융 거래를 하는가를 감시해서 문제가 생기기 전에 미리 알려주는 일을 한다. 이런 일을 하려면 금융 거래에 대한 법률을 공부해야 하고, 대학 법학 전공자가 유리하다.

성우

한미 FTA 이후 미국 드라마와 영화가 더 많이 수입될 것이다. 이에 따라 성우들이 우리말을 더빙하는 일 역시 늘어날 것이다. 성우는 좋은 음성에 개성까지 갖추고 있어야 한다. 다양한 인물의 음성을 흉내 내는 기술이 있다면 더욱 좋다. 전공에 상관없이 성우 시험을 볼 수는 있다. 영어권 원작들이 많기 때문에 영문학을 공부하는 것도 좋다.

컴퓨터 게임 기획가

한미 FTA 이후에 한국이 앞서가는 컴퓨터 게임 기술로 미국 게임 시장에서 시장 점유율을 더욱 넓힐 수 있을 것이다. 컴퓨터 언어, 컴퓨터 그래픽, 이야기 구성 등의 역량을 공부해서 이 분야로 진출하는 것이 좋다. 관련 전공으로는 컴퓨터 그래픽학부, 컴퓨터 공학부 등이 있으나, 다른 분야의 전공자도 이 분야의 직업을 가질 수 있다. 미국의 컴퓨터 게임 시장은 더욱 커질 것이다. 이런 여건에서 아이디어가 많은 인재들이 이 분야로 진로 설계를 하는 것은 바람직하다.

기업 인수 합병 전문가

기업을 사고파는 전문가로서 미국에서는 이미 발달한 직업이다. 한미 FTA로 인하여 이런 선진 직업이 한국에도 자리 잡을 것이다. 기업 사냥꾼이 되어 유망한 기업을 사들여서 높은 수익을 내게 할 수도 있다. 경영학부에서 재무 리스크, 시장에서의 기업 역할 등을 공부하는 것이 기업을 분석하는 데 다소 유리하지만, 다른 전공을 해도 진출이 가능하다.

스포츠 패션 머천다이저

스포츠 패션 시장에서 이익을 올리는 한국 기업들이 이번 한미 FTA 체결로 증가하게 될 것이다. 스포츠 패션 머천다이저는 스포츠 패션 시장에서 시장과 소비자를 분석해서 이를 디자인, 스포츠 패션 영업에 반영하는 일을 하는 사람이다. 미국은 스포츠 패션이 가장 발달한 나라이기 때문에 전망이 밝다.

의류 관련 학부에서 공부하는 것이 꼭 필요한 것은 아니다. 미국인들의 스포츠 패션 소비 경향을 조사하고 분석할 수 있는 트랜드 분석력을 기르는 것이 도움이 될 것이다.

선박 펀드 전문가

이번 한미 FTA로 인해 한국과 미국 간의 수출과 수입이 활발해질 것이다. 이는 미국과 FTA를 통해서 경제 동맹을 구축하는 효과를 가져 올 것이다.

미국 펀드들이 한국 조선 시장에 진출하여 선박을 건조하는 데 투자해서 자금을 운용하려 할 것이다. 원래는 영국에서 발달한 직업이지만, 미국의 대자본가들이 선박 건조에 펀드 투자를 해서 금리보다 더 높은 이익을 얻고 있다.

대학에서는 경제학부, 국제금융학부에서 공부하는 것이 유리하다.

싱어송라이터

노래도 하고 작곡도 하는 직업인을 싱어송라이터라고 한다. 이제 미국 음반이 한국 음악 시장에 많이 진출할 것이다. 이렇게 되면 음악 지적 재산권의 가치는 더욱 올라간다. 그리고 작곡자에게 노래를 받기가 이전보다 어려워질 것이다. 또한 미국에 사는 한인들이 국내 작곡가들에게서 곡을 받아서 음반을 취입하는 경우도 늘 것이다. 이런 여건 하에서는 직접 작곡과 가창이 가능한 싱어송라이터가 유망한 직업이 된다. 대위법, 시창, 청음을 공부하는 음악학부, 실용음악부, 영상음악과에서 공부하는 것이 다소 유리하다.

여객기 조종사

해마다 한국을 찾는 외국인들이 늘어나고 있다. 항공사들은 비행기 노선을 전 세계로 더욱 확대하고 있는 추세다.

항공운항과나 공군사관학교에 진학하거나 일반 대학을 졸업한 뒤 항공사에서 운용하는 비행기 조종사 양성 과정 교육을 일 년 반 정도 받으면 조종사가 될 수 있다. 비행기 조종사는 항공관제탑과 영어로 소통하기 때문에 영어 듣기와 말하기 능력을 갖추어야 한다.

국제 축구 저널리스트

대표적인 국제 축구 시장인 잉글랜드 프리미어리그, 이태리의 세리에A 등의 경기 동향과 선수들과 감독들의 동향을 궁금해 하는 사람들이 늘어나고 있다.

축구 저널리스트가 되기 위해 반드시 경기지도학부나 사회체육학부를 전공해야 하는 것은 아니다. 영국의 포츠머스대학에서 축구산업학을 전공하거나 리버풀대학에서 축구 MBA과정을 마치고 국제 축구의 흐름을 공부하면 더욱 좋다.

인력 자원 전문가

전 세계에 있는 다국적 기업의 수는 6만 개가 넘는다. 이번 한미 FTA 체결로 다국적 기업이 한국에 더욱 활발히 진출할 것이다. 이렇게 되면 기업 간에 우수한 인재를 데려오기 위해 치열한 경쟁을 할 것이다. 인력 자원의 능력으로 승부를 하려는 미국의 서비스 산업이 한국에 더욱 활발히 진출하면서 인력 채용, 교육 훈련, 승진 및 보수 시스템의 구축 등을 전문으로 할 인재를 원하는 기업들이 증가할 것이다. 한국보다 17배나 큰 경제력을 가진 미국은 인력 자원 전문가를 더욱 많이 원할 것이다.

인력 자원 전문가가 되기 위해서는 조직론과 인사체계론을 깊이 있게 공부해 두면 유리할 것이다.

한미 FTA 시대에 유망한 미국 자격증

한미 FTA는 양국 간의 시장이 통합되는 것을 의미하므로 양국의 자격증도 영향을 받을 것이다. 한국과 미국은 한미 FTA를 체결하는 과정에서 양국 간 자격증의 상호 인정 문제를 진지하게 논의했다. 직업 시장이 통합되면서 미국 자격증을 취득해 두면 직업을 갖는 데 유리할 것이다. 한미 FTA 이후 유망한 미국 자격증 10개를 소개한다.

미국 가족 및 결혼 상담사 자격증

가족 간의 갈등, 결혼 배우자 선택 등을 상담해주는 일이다. 대학에서 심리학을 전공하는 것이 유리하지만, 다른 전공을 한 사람들도 자들도 이 자격증을 취득해 두면 좋다.

미국은 서비스업을 개업할 때도 이 자격증이 있어야 가능하다는 사실도 알아두면 유익하다.

미국 화재 조사관 자격증

미국과 전문직 쿼터를 따내야 하는 문제가 있다. 하지만 언

젠가 미국에서 소방 분야의 일을 하고 싶다면 화재 조사관 자격증에 도전해 보기를 권한다. 화재의 여러 원인을 조사하는 일을 하는 능력을 키우면 이 자격증을 딸 수 있다. 미국 소방 검사관 자격증, 화재 폭발 조사관 자격증, 화재 폭발 조사 강사 자격증을 함께 가지고 있으면 유리하다. 소방 방재학부에서 공부하는 것이 도움이 된다.

미국 변호사 자격증

한미 FTA로 한국 법률 시장은 미국의 영향을 많이 받을 것이다. 5년에 걸쳐 한국과 미국의 법률 시장이 개방되면 미국의 대형 법률회사들은 한국에 역동적으로 진출할 것이다. 따라서 미국 로스쿨에 진학하는 젊은이들도 증가할 것이다. 미국의 180개 로스쿨에 진학해서 공부한 뒤 미국 변호사 시험에 응시하면, 주마다 다르지만 80% 정도가 자격증을 딴다. 한국에서 법학부를 졸업한 뒤 미국 LLM 등을 거쳐서 이 분야의 자격증을 딸 수도 있다.

미국 항공정비사 자격증

한미 FTA 이후로 한국과 미국 간에는 더욱 많은 물류 이동이 항공편으로 이루어질 것이다. 앞으로 미국 항공정비사 자격증이 있으면 미국 내 항공사에 취직할 수도 있을 것이다.

기계 조작 능력, 항공 장비 다루는 법 등을 전문학원에서 배우면 미국 항공정비사 자격증을 따는 데 유리하다. 아직 양국 간에 항공정비사 자격증에 대한 상호 인정 의견 교환이 없으므로 미국에서 이 직업을 가지려면 미국 항공정비사 자격증을 따는 것이 유리하다.

미국 한의사 자격증

한미 FTA로 미국에 진출할 가능성이 가장 높은 분야가 한의사이다. 미국 한의사(NCAAOM) 자격증은 미국에서 한의학 전문학교에서 4년간 한방 치료학, 한방 재료학, 한방 침술 등을 공부해야 응시할 수 있다.

1970년대 미국과 중국이 수교를 맺은 뒤 중국의 한의학 대학이 미국에 적극적으로 진출해서 60여 개 이상의 대학이 개설되어 있으므로 미국 대학의 한의학부에 진학하는 것도 방법이다. 고교를 졸업하고 미국의 한의학부로 진학하면 미국 한의사 자격증을 따는 데 유리하다.

미국 퍼스널트레이너 자격증

휘트니스산업이 유달리 발달한 나라가 미국이다. 미국에서는 개인의 체력 관리를 해주는 퍼스널트레이너들이 활발하게 활동하고 있다.

체중과 체형 관리 프로그램, 심박수 트레이닝 실습, 인체 계측학, 운동 프로그램 디자인 등을 공부하면 이 자격증을 취득하는 데 유리하다.

미국 물리치료사 자격증

한미 FTA로 인해 미국의 의료 시장은 더욱 개방될 것이다. 치료 마사지, 물리치료학 개론, 전기 치료, 온열 치료, 약물 치료 등을 공부해야 물리치료사 자격증을 취득하는 데 유리하다. 미국물리치료사협회에서 도움을 받을 수 있다. 자격증이 있으면 재활원, 병원, 노인 재활 시설 등에서 일할 수 있다. 노인 인구가 많은 미국 사회에서 미국 물리치료사가 할 일은 더욱 많아질 것이다.

미국 파이낸셜리스크(FRM) 자격증

기업의 재무 위험을 정밀하게 파악할 수 있는 사람에게 주는 자격증이다. 미국은 금융업이 발달한 나라이므로 파이낸셜 자격증을 가진 사람을 많이 원한다. 미국 월가에 진출해서 일하고 싶다면 이 자격증을 따는 것이 좋다. 신용을 분석하는 일을 하는 분야의 전문가가 되는 데 유리하다.

경제학부나 경영학부을 전공해서 이 자격증을 따 두면 투자은행에 취업하는 데 유리하다.

미국 의사 자격증

미국의 의사들은 고액 소득자가 많다. 미국은 의료산업이 발달한 나라다. 미국 의사고시(USMLE)는 한국과는 많이 다르다. 미국은 환자를 직접 진료하고 임상하는 능력을 더욱 더 평가해서 의사 자격증을 주는 나라이다.

하지만 의사 자격증은 양국 간에 많은 협의를 거쳐야 가능할 것이다.

미국 공인회계사 자격증

한미 FTA로 인해 기업들은 재무구조를 국제 수준에 맞추려고 할 것이다. 그래서 미국 공인회계사 자격증을 가진 사람들에게는 전망이 밝다.

또한 한국 회계 기준과 미국 회계 기준을 모두 알고 있고, 양국의 공인회계사 자격증을 다 갖춘 사람이 더욱 각광 받는 시대가 올 것이다.

직업 시장의 새로운 경향

한미 FTA 이후 한국의 직업 시장은 크게 변할 것이다. 미국의 2억 5천만 명의 시장과 한국의 4천9백만 명의 시장이 합쳐지는 단순한 효과가 아니라, 서로 다른 직업 영역이 교류를 하는 새로운 도전이기 때문이다.

그렇다면 한미 FTA 이후 유망한 새로운 직업 경향은 무엇인지 알아보자.

첫째, 직업이 서로 결합하는 현상이 심화된다. 예를 들어 '음악사서' 같은 유형의 직업이다. 음악사서(music librarian)는 음악 정보를 다양하게 수집하고 분석하는 일을 한다. 또 관광 지식과 정보통신 기술을 결합한 관광정보통신 전문가가 있다. 그리고 아직은 생소하지만, 축산과 관광을 결합한 축산관광

매니저라는 직업도 등장할 것이다. 이처럼 아주 다른 직업이 결합하는 현상이 더욱 활발하게 나타날 것이다.

둘째, 지구 환경을 다루는 새로운 형태의 직업이 생길 것이다. 이미 환경 교육가(environmental educator) 같은 직업이 등장해서 활발한 활동을 펼치고 있다. 지구와 환경에 관한 다양한 지식을 활용한 새로운 직업들이 많이 생길 것이다.

셋째, 지식을 다루는 직업의 성장세가 두드러질 것이다. 예를 들어, 증권회사에서는 ECM(Equity Capital Management Specialist)이 새로운 유망 직업이 될 것이다. 이 직업을 갖기 위해서는 주식과 자본에 대한 전문 지식을 갖추고 있어야 한다. 지식 리서치 전문가(Intelligence Research Specialist)라는 직업도 새로운 지식을 세밀하게 분석한다는 측면에서 주목받을 것이다. 그 밖에 반도체 엔지니어, 와이브로 기술 연구직도 유망 직업이 될 것이다.

넷째, 대중예술과 연관된 직업이다. 큐레이터가 대표적이다. 큐레이터는 미술 작품들을 전시하는 일도 하지만 박물관 등으로 점차 영역을 넓혀 가고 있다. 역사와 미술에 해박한 큐레이터는 외국인들이 한국 미술에 많은 관심을 가지면서 미술 딜러 등 할 일이 증가할 것이다.

다섯째, 브랜드 콘셉트 전문가, 브랜드 네이미스트, 브랜드 컨설턴트 같은 직업이 더욱 빠르게 성장해서 새로운 경향을 이끌어 갈 것이다. 브랜드 가치가 더욱 중요한 세상이 되고 있으므로 앞으로 유망한 직업이 될 것이다.

그렇다면 이런 경향에 대비해 어떻게 준비해야 할지를 살펴보며 이야기를 마치자.

첫째, 자기만의 직업 브랜드를 만드는 데 치중하라.

둘째, 글로벌 시장에서 통하는 인턴 경험을 쌓아라.

셋째, 직업 시장의 변화를 꾸준히 살펴보고 이를 정밀하게 분석하라.

넷째, 커리어 체인지 능력을 키워라. 자기의 직업에서 유사 직업으로 옮길 수 있는 능력을 갖춰라.

다섯째, 시장 분석을 철저히 하고, 유망한 직업을 발견하는 데 시간을 투자하라.

참고문헌

이재기, 『세계화·WTO·FTA 포커스』, 한올출판사, 2004.

박순찬 외, 『FTA의 득과 실』, 대외경제정책연구원, 2004.

이창수, 『한미 FTA가 한국 농업에 미치는 경제적 파급 효과』, 대외경제정책연구원, 2006.

이재민, 『한중일 FTA의 진전이 물류 부분에 미치는 영향 분석』, 한국교통연구원, 2005.

우석훈, 『한미 FTA 폭주를 멈춰라』, 녹색출판사, 2006.

한미 FTA 후 직업의 미래

펴낸날	초판 1쇄 2007년 6월 5일
	초판 4쇄 2012년 10월 29일

지은이	김준성
펴낸이	심만수
펴낸곳	(주)살림출판사
출판등록	1989년 11월 1일 제9-210호

경기도 파주시 문발동 522-1

전화 031)955-1350   팩스 031)955-1355

기획 · 편집 031)955-4662

http://www.sallimbooks.com

book@sallimbooks.com

ISBN 978-89-522-0646-6   04080